Keith Gray

Klettern

Für Clara, Marc und Ludwig – Cousinen, Cousins und Freunde

Keith Grays Debüt „Creepers“ wurde veröffentlicht, als er gerade mal 24 Jahre alt war. Sein Roman „Ostrich Boys“ gewann den Scottish Children's Book Award und wurde für die Bühne adaptiert. 2017 zog Keith Gray mit seiner Familie nach Wien, wo er den „Sunday Writers' Club“, einen Kulturverein zur Förderung von Nachwuchsautor:innen, mitbegründet hat: sundaywritersclub.com

Keith Gray

Klettern

Aus dem Englischen von
Julia Süßbrich

GULLIVER

Inhalt

1. Teil

Die Verdrehte

Korkenzieher-Weide *(Salix matsudana)*

Laubbaum – China – 16 Meter

1. Kapitel

Die Sonne blendete mich. Ich blinzelte, um zu sehen, wie der Neue sich an den Baum klammerte. Er war hoch oben in den Ästen des Baums, den wir die *Verdrehte* nannten. Es war eine Korkenzieher-Weide und der Name passte. Über mir sah ich ein krauses, dichtes Gewirr aus Braun und Grün. Der Neue hatte seine Arme um den Stamm geschlungen und schon mehr als die Hälfte der Höhe geschafft.

Unten am Boden hatten fünf von uns den Kopf in den Nacken gelegt, um dem Neuen beim Klettern zuzusehen. Ich stand neben Mia. Sie trug ihr schwarzes T-Shirt und die Blätter-Ohrringe, die ich ihr letztes Jahr zu Weihnachten geschenkt hatte. Sie schob ihren lockigen Pony hoch und hielt ihre Hand dabei so, als ob sie salutieren würde – damit verschaffte sie ihren Augen Schatten, um etwas sehen zu können.

Mia sagte: „Ich habe euch doch gesagt, dass er ein guter Kletterer ist.“ Sie war es, die mich angerufen hatte. Darum war ich mit meinem Fahrrad zum Park gerast.

Es war Freitag-Nachmittag. Sara war auch da. Sie stand auf der anderen Seite des Baums, zusammen mit ihrem Freund Marvin und dessen Zwilling Colin. Sara hatte Mia in der Schule davon erzählt, dass bei uns ein neuer Kletterer rumhing.

Wir fünf starrten zu dem Neuen hoch. Er war mindestens 7 Meter über uns. Er saß auf einem Ast und ließ die Beine an den Seiten runterbaumeln. Für mich sah es aus, als wäre er außer Atem. Und als steckte er fest. Ich glaubte nicht, dass er es noch weiter hoch schaffen würde.

„Wie heißt er?“, fragte ich Sara.

„Er hat gesagt, wir sollen ihn *Nottingham* nennen – weil er von da kommt und alle ihn so nennen“, erklärte sie mir.

Sara war mit mir und Mia in einer Klasse. Marvin und Colin waren ein Schuljahr über uns. Sara war schlaksig, dürr und furchtlos. Sie war besser im Klettern als ihr Freund und dessen Bruder zusammen. Sie war die Einzige von den dreien, die es bisher ganz nach oben in den Wipfel der *Verdrehten* geschafft hatte.

Ich fragte: „Wie lang ist er schon da oben?“

„Noch keine zehn Minuten“, antwortete Sara. „Er ist zuerst auf zwei von den kleineren Bäumen geklettert.“

Marvin sagte: „Er ist schnell.“

Und Colin stimmte ihm zu: „Richtig schnell.“

Sie waren zwar Zwillinge, aber sie waren in sehr vielen Dingen ganz gegensätzlich. Colin hatte mehr Hirn als Muskeln. Von allen Menschen, die ich je getroffen hatte, war er der Einzige, der sich auf Prüfungen freute und sauer wurde, wenn er keine guten Noten bekam. Bei Marvin waren die Muskeln stärker als das Hirn. Er bekam nie super Noten in der Schule, aber das war ihm auch nicht so wichtig. Er war ein kleiner, stämmiger Rugby-Spieler. Wenn er mit Sara Händchen hielt, sah er aus wie ein Ziegelstein, der in einen Golfschläger verliebt war.

Sara sagte zu mir: „Vielleicht ist dieser Neue schneller als du.“

Mia warf mir aus dem Augenwinkel einen Blick zu.

Ich zuckte die Schultern. Ich wollte nicht zugeben, wie schnell Nottingham sein musste, wenn er es schon auf die halbe Höhe der *Verdrehten* geschafft hatte. Sie war nicht der höchste Baum im Park; aber das hieß nicht, dass sie einfach zu erklettern war. Viele von uns hatten es immer wieder versucht und nicht geschafft. Und es nicht zu schaffen hieß meistens: zu fallen. Wir sahen dabei zu, wie Nottingham in dem braun-grünen Gewirr einen Weg nach oben suchte. Er schob seinen Hintern von einer Seite zur anderen. Der Ast unter ihm wackelte. Blätter flatterten hinab.

Nottingham trug eine schwarze Baseball-Kappe und einen grünen Pulli. Beides war gut zum Klettern. Die Kappen halfen uns dabei, keine Fliegen in die Augen zu kriegen – oder herunterfallende Stücke von Zweigen oder Staub von den Baumrinden. Auf grüner Kleidung fielen Laubflecken kaum auf. So merkten unsere Eltern nicht gleich, wie dreckig wir waren, wenn wir nach Hause kamen. Aber Nottingham trug dazu Cargo-Shorts, und das war ein großer Fehler. Seine Schienbeine und Knöchel konnten von Dornen und abgebrochenen Ästen in Fetzen gerissen werden. Hungrige Insekten konnten ihn fressen, als wäre er

Grillhähnchen von KFC. Ich hätte zu gerne gesehen, was für Turnschuhe er anhatte.

Marvin meinte: „Ich wette mit euch, der schafft das. Der kommt bis ganz oben."

Colin nickte.

Mia sah mich an. Sie wollte sehen, ob ich zustimmte.

Ich sagte zu Mia: „Er ist auf der falschen Seite vom Stamm." Aber ich sprach laut, sodass Sara und die Zwillinge mithören konnten. „Wenn er auf der anderen Seite des Stamms wäre, könnte er bessere Äste finden." Ich zeigte auf die Stelle, die ich meinte. „Siehst du das da? Zwischen den Ästen auf der Seite kommt man nicht durch, das ist zu eng."

Ich war der jüngste Kletterer, der es je zum Wipfel der *Verdrehten* geschafft hatte. Letzten Sommer, mit vierzehn. Aber ich war siebenmal runtergefallen, bevor ich es geschafft hatte. Konnte Nottingham der Neue wirklich beim ersten Versuch die Spitze erreichen? Ich hoffte, er würde fallen.

2. Kapitel

Irgendwann habe ich mal so ein Buch gelesen, in dem stand, Korkenzieher-Weiden kämen aus China. Keine Ahnung, wie so eine in unserem Park in unserem Dorf gelandet war. Ihrem lateinischen Namen Salix matsudana wurde oft das Wort „Tortuosa" angehängt, das hieß „gewunden" – weil ihre Äste so aussahen, als würden sie sich in Leid winden. Ohne ihre Blätter sah die *Verdrehte* im Winter aus, als würde sie schreien. Aber im Sommer explodierte sie in saftigem Grün.

Ich hatte auch gelesen, dass sie nur 10 oder 12 Meter hoch wachsen würden. Die *Verdrehte* scherte sich einen Dreck darum. Sie stach mit 16 Metern Höhe in den Himmel.

Es gab zwei dicke Probleme, wenn man auf eine Korkenzieher-Weide klettern wollte. Das erste waren die vielen Äste. Man könnte ja denken, dass ein Baum mit so vielen Ästen einfach zu erklettern wäre. Aber sie waren ineinander gewunden wie hölzerne Schlangen. Du musstest dich zwischen den Ästen durchquetschen – und manchmal waren die Lücken zu eng. Dann stecktest du in der Falle.

Als ich hochsah, dachte ich, Nottingham steckte fest. Nicht in der Falle, nur in einer Art Sackgasse in dem aufragenden Gewirr. Aber er überraschte mich. Er legte sich flach auf den Bauch und der Ast unter ihm bog sich immer mehr. Durch das Gewackel fielen Blätter runter. Nottingham zog sich auf dem Ast weg vom Stamm und quetschte sich unter zwei Ästen durch. Das sah gefährlich aus. Er musste mit beiden Händen loslassen. Aber so konnte er nach Ästen weiter oben greifen. Er wand sich und zwängte sich in die Lücke. Bis jetzt hatte noch nie jemand so was auf der *Verdrehten* versucht.

Wir fünf Zuschauer waren beeindruckt. Aber ich tat so, als wäre ich es nicht.

Colin meinte: „Der schafft das noch. Erster Versuch." Colin machte Fotos mit seinem Handy.

Aber ich sagte ja schon: Es gab zwei dicke Probleme, wenn man auf eine Korkenzieher-Weide klettern wollte. Das zweite davon war, dass sie sehr schnell wuchsen. Zu schnell. Das bedeutete, dass sie nicht immer *stark* wurden. Die Rinde riss leicht auf und die Äste konnten brüchig sein.

Nottingham der Neue ahnte nicht, dass er sich auf so einen Ast gezogen hatte. Er lag noch auf dem Bauch und der Ast unter ihm bog sich zu weit. Er schaute kopfüber zu uns hinunter. Seine Kappe rutschte ihm vom Kopf, als er versuchte, rückwärts zu krabbeln. Aber der Ast brach. Wir hörten das *Knack* – so laut wie ein Schuss in einem Film. Nottingham schrie, als er fiel. Er stürzte immer tiefer. Die Äste schlugen und prügelten auf ihn ein. Er griff ins Leere. Rinde knackte und Blätter wirbelten auf. Nottingham jaulte, fluchte und stöhnte. Er kam sehr schnell runter.

Wir sprangen rückwärts weg vom Baum.

Nottingham kam mit einem dumpfen Schlag auf dem Boden auf. Der Ast, den er abgebrochen hatte, kam gleich nach ihm runter. Nottingham rollte schnell zur Seite und der Ast verfehlte ihn nur um Zentimeter.

Colin hatte immer noch sein Handy in der Hand. Ich fragte mich, ob er einen Rettungswagen rufen würde. Stattdessen machte er noch Fotos von Nottingham auf dem Boden.

Nottingham hatte Glück gehabt – er brauchte keinen Rettungswagen. Er bewegte sich wie ein klemmender Roboter, aber er konnte wieder aufstehen. Er stöhnte und verzog das Gesicht, als ob er gerade gekämpft und verloren hätte. In meinen Augen hatte er das. Er hatte mit der *Verdrehten* gekämpft. Ich wusste, was unter seinem Pulli war: Kratzer und Flecken, schwärzer als Fledermaus-Flügel. Dennoch schaffte er es, uns anzugrinsen.

Wir erzählten uns oft denselben alten Witz: „Wer sind die besten Kletterer? Die, die wieder aufstehen." Aber das war eher ernst als lustig.

Nottingham war etwas größer als ich. Er hatte auch breitere Schultern, die seinen Pulli spannten. Sein Haar war dunkel, kurz und strubbelig. Er hatte ein rundes, plattes Gesicht. Ich fragte mich, ob es so platt war, weil er jedes Mal darauf landete, wenn er von einem Baum fiel. Über seine rechte Wange zog sich eine dicke Narbe, wie ein Wurm. Sie fing unter seiner Nase an und ging bis zu seinem Ohr. Vielleicht hatte ihn mal ein scharfer Ast aufgeschlitzt, als er noch jünger war? Ich konnte mich nicht entscheiden, ob die Narbe ihn hässlich oder cool aussehen ließ.

Ich schaute mir auch seine Turnschuhe an: klassische Adidas Swift Runs, die mal weiß gewesen waren. Sie waren die besten Kletterschuhe, weil man sie wegen ihrer schmalen Spitzen perfekt in schmale Lücken rammen konnte und weil sie besonders guten Halt gaben. Und die von Nottingham sahen genauso aus wie meine. Natürlich war ich einerseits froh, dass er gefallen war. Andererseits hatte ich ein schlechtes Gewissen, weil ich mich darüber freute.

Nottingham fasste sich auf den Kopf und schaute den ganzen Weg nach oben: bis zu der Stelle, von der aus er auf den Boden gedonnert war.

„Der Scheißbaum hat meine Kappe geklaut“, sagte Nottingham. Es stimmte – seine Baseball-Kappe hing an einem Zweig da oben.

„Ich hol sie dir“, sagte ich.

Nottingham runzelte die Stirn und stellte sich zwischen mich und den Baum. „Das ist meine Kappe“, sagte er. „Mach dir darum keinen Kopf. Ich hol sie mir selber.“

„Ich mach mir keinen Kopf", antwortete ich und versuchte, an ihm vorbeizukommen. „Ich mach das schon. Locker."

Er trat ganz nah an mich ran. „Wer bist du, verdammt?", fragte er.

„Ich bin Hilly", sagte ich.

„Okay, Hilly, und warum verdammt noch mal meinst du, ich würde deine Hilfe brauchen?", fragte er.

„Weil ich der beste Kletterer im Dorf bin", sagte ich.

Nottingham sah an mir hoch und runter und runzelte immer noch die Stirn. Aber dann grinste er.

„Wenn du das sagst", sagte er.

Er drehte sich von mir weg, ging zur *Verdrehten* und fing wieder an zu klettern.

3. Kapitel

Nottingham hatte aus seinen Fehlern gelernt. Bei seinem zweiten Versuch geriet er nicht auf die falsche Seite des Stamms. Er kletterte langsamer. Keine Angeberei. Stattdessen schaute er sich immer die nächsten drei Äste an und prüfte, wo er sich am besten festhalten konnte. Er war wie ein Schachspieler, der sich den besten Zug überlegt.

Ich fragte Sara: „Wie oft bist du gefallen, bis du den Wipfel erreicht hast?“

„Zehnmal“, antwortete sie. „Und du?“

„Sieben“, sagte ich. Wir nannten jeden Fehlversuch „fallen“, selbst wenn man nur stecken blieb und wieder sicher runterkletterte.

Marvin sagte: „Ich zwölf. Bis jetzt ...“

Colin meinte: „Ich denke, dieser Neue schafft es nach nur einem Mal. Der hat Affenblut oder so was. Hey, Hilly, forder ihn doch zum Wettkampf raus!“

„Genau“, stimmte Marvin zu. „Ihr solltet um die Wette den Doppel-Stämmer hochklettern.“

Mia war auf meiner Seite: „Hilly würde gewinnen. Locker.“

Sara erwiderte: „Vielleicht. Aber dieser Neue hat *Reichweite*. Guckt ihn euch an!“

Wir guckten. Kletterern zu sagen, sie hätten *Reichweite*, war das größte Kompliment. Das war so, wie wenn ein Sportler eine Olympia-Medaille gewinnt. Wie wenn jemand, den du schön findest, sagt, du könntest gut küssen. Wir sahen zu, wie Nottingham seine Kappe von dem Zweig rupfte, der sie ihm geklaut hatte. Er winkte uns mit der Kappe zu, bevor er sie wieder aufsetzte.

Colin winkte zurück. Und dann spielte er an seinem Handy rum.

„Wem schreibst du?“, fragte Marvin.

„Allen! Die müssen doch kommen und das sehen, oder?“, antwortete Colin.

Ich konnte meinen Blick nicht von Nottingham lösen. Er ließ beide Füße ins Leere baumeln, als er die Stärke eines Astes über ihm testete. Der fühlte sich wohl sicher an, denn Nottingham zog sich daran hoch. Er bewegte sich um den Stamm, als ob er auf festem Boden stünde. Er hatte keine Angst. Er wand sich zwischen den braun-grünen Korkenzieher-Ästen durch. Höher. 10 Meter, 12 Meter.

Andere Kletterer kamen dazu, um zuzusehen. Ich kannte sie alle. Sie waren außer Atem, weil sie den ganzen Weg hierher gerast waren – manche zu Fuß, andere mit dem Fahrrad wie ich. Schon bald standen lauter Jugendliche in grünen T-Shirts und Swift Runs im Kreis um die *Verdrehte.* Wir drängten uns, um Nottingham zwischen den Blättern und Ästen gut sehen zu können.

Marvin bekam den Mund nicht mehr zu. „Der hat das einfach so gemacht“, staunte er.

Wir waren alle erstaunt. Niemand hatte jemals nach nur einem Fall die *Verdrehte* erklettert. Keiner von den Älteren. Nicht mal der erste Kletterer, der dem Baum den Namen gegeben hatte.

Nottingham schwankte, als er sich an die dünnsten Äste ganz oben im Baum klammerte. Mit der Sonne im Hintergrund war er nur ein dunkler Fleck im Laub, aber wir konnten ihn winken sehen. Die Zwillinge klatschten und jubelten. Andere aus der Menge machten mit.

Ich blieb still. Mia versuchte, meine Hand zu drücken, aber ich ließ sie nicht.

Sara blickte mich an. Sie zeigte auf Nottingham da oben und sagte: „Gib es zu, Hilly. Vielleicht bist du nicht mehr der beste Kletterer im Dorf.“

2. Teil

Spinnenfalle

Lärche *(Larix decidua)*

Nadelbaum – Nördliche Hemisphäre – 19 Meter

4. Kapitel

Bäume standen in unserem Dorf überall. Vielleicht gab es sogar mehr Bäume als Häuser. Wir kletterten auf alle. Aber die im Park waren die legendären. Wir nannten sie die „Großen Fünf". Die Großen Fünf Bäume standen wie Wächter ganz hinten im Park. Dort endete nicht nur der Park, sondern auch das Dorf. Hinter den Großen Fünf lagen nur noch platte, weite Felder. Der Ausblick von den Wipfeln der Großen Fünf Bäume war toll.

Vom kleinsten zum größten waren das: die *Verdrehte, Spinnenfalle, Verrücktes Esche-Biest* und *Doppel-Stämmer.* Aber das waren jetzt nur vier, richtig? Das liegt daran, dass der größte, höchste, am schwierigsten zu erkletternde Baum keinen Namen hatte. Noch nicht.

Wir hatten einen Kletterer-Kodex. Wer einen Baum zuerst erkletterte, durfte ihm einen Namen geben. Und bis jetzt hatte noch niemand den letzten der Großen Fünf erklommen. Noch nicht.

Der namenlose Baum stand in der hintersten Ecke vom Park, gegenüber vom Spielplatz. Er war der Boss, Meister, Älteste unter all diesen Bäumen. Ich ging davon aus, dass der Blick von seinem Wipfel fantastisch sein musste. Dieser Baum war so hoch, dass er wie ein massiver Nagel den Park an Ort und Stelle zu halten schien. Manchmal stellte ich mir vor, ein Riese käme vorbei und würde den Baum ausreißen. Und unser Dorf würde einfach wegschwimmen.

Ich war der beste Kletterer im Dorf. Chris Hiller – meine Leute nannten mich Hilly. Ich hatte *Reichweite.* Und ich hatte beschlossen, dass ich in diesem Sommer der Erste sein würde, der den letzten der Großen Fünf erkletterte. Ich würde den unbenannten Baum erobern. Ich würde für immer berühmt werden, weil ich seinen Namen aussuchen würde.

Ich würde ihn *Hillers Himmelstecher* nennen.

5. Kapitel

Ich hatte gedacht, ich würde als Erster den größten Baum erklettern. Aber da kannte ich Nottingham noch nicht.

Er kam wieder runter, nachdem er die *Verdrehte* erklettert hatte. Ich sah, dass Blätter und Rinden-Staub an dem Schweiß auf seiner Stirn und seinen Wangen klebten. Die lange Narbe in seinem Gesicht leuchtete rosa. Ich wusste, dass seine Handflächen rot und brennend zerkratzt sein mussten. Wahrscheinlich hatte er sich auch Holz-Splitter in die Fingerspitzen gerammt. Aber Nottingham grinste, als ob er gerade einen ertrinkenden Welpen gerettet hätte, oder vielleicht einen tobenden Drachen besiegt. Als ob er ein Held wäre.

Das Problem: Alle, die sich um die *Verdrehte* gedrängt hatten, taten so, als wäre Nottingham wirklich ein Held. Sie wollten ihm alle sagen, wie großartig, genial und toll er war. Colin schlang sogar einen Arm um Nottingham und machte ein Selfie. Danach wollten alle ein Selfie mit ihm. Sie schubsten mich aus dem Weg und drängten mich nach hinten. Ich versuchte so zu tun, als ob es mir nichts ausmachte. Aber es machte mir ganz viel aus! Was, wenn dieser Neue ein besserer Kletterer als ich *war*?

Es schockte mich, dass Mia ihr Handy auch rausgeholt hatte. Sie war meine beste Freundin. Wir waren befreundet, seit wir acht waren. Damals hatte sie mich nicht verpetzt, als ich bei der Post ein paar Briefmarken geklaut hatte. Dass Mia jetzt ein Selfie mit Nottingham wollte, versetzte mir Stiche wie eine Million brennender Holz-Splitter. Aber sie streckte ihr Handy über alle Köpfe.

Mia rief: „Er ist nicht so schnell wie Hilly!" Sie zeigte auf ihr Handy, sodass die anderen es sehen konnten. „Ich habe seine Zeit gestoppt. Nottingham hat 22 Minuten und 40 Sekunden bis zum Wipfel gebraucht. Seht ihr? Hilly schafft es in 20 Minuten."

Sara verdrehte genervt die Augen. Aber Mia setzte sich immer für mich ein. Sie war keine Kletterin, aber so etwas wie mein Coach. Der beste Kletterer im Dorf brauchte ja wohl ein Unterstützer-Team, oder?

„Schöner Versuch", sagte ich und fühlte mich erleichtert. Ich drängelte mich zu Nottingham durch, vorbei an den Leuten, die eigentlich meine Freunde sein sollten und nicht seine. „Aber ein paar von den Bäumen hier sind richtig schwer zu erklettern. Vielleicht viel schwerer als die Bäume da, wo du herkommst. Wenigstens hast du deine Kappe zurück."

Nottingham wehrte sich: „Du bist ganz schön großkotzig. Das passt zu deiner großen Klappe."

Ein paar Leute lachten, anderen blieb die Spucke weg. Ich zuckte nur die Schultern. Das hatte ich alles schon gehört. Mir wurde oft gesagt, ich sei eingebildet und ein Angeber. Egal. Das änderte nichts. Ich war der beste Kletterer im Dorf, hundertprozentig. Es war keine Angeberei, wenn man einfach nur die Wahrheit sagte.

Nottingham fragte: „Und wenn ich der beste Kletterer da war, wo ich herkomme?"

Ich fragte zurück: „Ach, und in Nottingham gibt es eine Menge Bäume, ja? In der *Stadt* Nottingham." Ein paar Leute kicherten und ich grinste sie an. Das ging mir runter wie Öl.

Aber Nottingham nickte. „*Außerhalb* der *Stadt* gibt es massig Bäume, ja. Nie von Sherwood *Forest* gehört?“ Er lachte, weil ich das Gesicht verzog. Ich versuchte zu verstecken, wie neidisch ich war. In einem Wald zu klettern musste super sein. Und der Sherwood Forest war einer der bekanntesten Wälder der Welt. Die Bäume waren bestimmt toll.

Als ob Sara meine Gedanken lesen könnte, sagte sie: „Ich wette, im Sherwood Forest gibt es geniale Bäume.“

Und ihr Freund Marvin stimmte ihr zu: „Fantastische Bäume.“

„Die besten“, sagte sein Bruder Colin.

Dann stimmten die anderen zu und fragten Nottingham über die Bäume im Sherwood Forest aus. Wie groß? Was für Bäume? Auf wie viele war er geklettert? Waren sie höher als die Großen Fünf?

„Ich bin sie nicht alle hochgeklettert“, sagte Nottingham. „Dazu gibt es zu viele in dem Wald. Aber ich wette, hier könnte ich alle Bäume hochklettern.“

Ich war wohl nicht der einzige Angeber. „Ich wette mit dir“, sagte ich. Und alle wurden still. „Ich weiß einen Baum, den du nicht hochkommst.“ Ich sah

Nervosität in seinen Augen aufblitzen. Aber er konnte keinen Rückzieher machen.

„Jetzt?“, fragte Nottingham. „Nachdem ich auf den da geklettert bin?“ Mit dem Daumen deutete er rückwärts auf die *Verdrehte.*

„Kein Zeit-Limit“, sagte ich. „Mach so langsam, wie du willst. Von mir aus kannst du dir den ganzen Tag dafür nehmen. Aber fall nicht. Nur ein Versuch. Okay?“

Nottingham schien mehr in der Klemme zu stecken als vorhin, als er zwischen den Ästen der *Verdrehten* festgesteckt hatte. Die anderen riefen ihm zu: *„Mach es!“* Alle freuten sich, dass er beweisen konnte, wie gut er war. Er wusste, es war schwerer, meine Wette auszuschlagen, als von einer Korkenzieher-Weide runterzuklettern. „Und wenn ich es bis ganz oben schaffe?“, fragte Nottingham. „Was kriege ich, wenn ich gewinne?“

Colin schrie: „Dann bist du der beste Kletterer im Dorf!“

Aber ich schüttelte den Kopf. Das kam nicht infrage. „Nein“, sagte ich. „Um der Beste zu sein, musst du viel mehr schaffen, als nur auf ein oder zwei Bäume zu klettern."

Marvin fragte: „Wie wäre es, wenn du ihm dein Fahrrad geben würdest?"

Ich wollte gerade wieder Nein sagen, aber die anderen nickten alle. Alle außer Mia, die mich beim Arm packte und meinte, es wäre dumm, ihm mein Rad zu geben.

Nottingham ging rüber zu den Fahrrädern, die im Gras lagen. Colin zeigte ihm meins.

Mia sagte zu mir: „Lass dich nicht drauf ein. Was würde deine Mama dazu sagen?"

Mama hatte mir das Fahrrad einen Monat zuvor zum Geburtstag geschenkt. Das war das beste Geschenk aller Zeiten. Ich war seitdem fast jeden Tag damit unterwegs, um zu Hause rauszukommen.

Nottingham nickte und rieb seine immer noch roten Hände. „Okay", sagte er. „Das ist ein cooles Rad. Darauf werde ich gut aussehen."

So konnte ich auf keinen Fall mehr einen Rückzieher machen.

Wir gaben uns nicht die Hand. Stattdessen spuckten wir auf den Boden, neben die Füße des anderen, um die Sache klarzumachen.

„Er wird die Wette nicht gewinnen“, sagte ich zu Mia. Aber vielleicht sagte ich das auch zu mir selbst. Was war mir wichtiger? Der beste Kletterer im Dorf genannt zu werden oder mein Rad zu behalten?

„Welcher Baum?“, fragte Nottingham.

Die anderen dachten bestimmt, ich würde sagen, er müsste auf den höchsten Baum klettern, den letzten, den ohne Namen. Aber ich war nervös, weil er so gut klettern konnte. Und wenn Nottingham diesem letzten Baum einen Namen geben dürfte, wäre das schlimmer, als wenn ich meinen Titel oder mein Fahrrad verlor. Also zeigte ich lieber auf die Lärche ganz hinten im Park. Wir nannten sie *Spinnenfalle.*

„Der da?“, fragte Nottingham. „Du machst Witze. Kinderleicht.“

Niemand stimmte ihm zu.

6. Kapitel

Mindestens 15 Kletterer folgten mir und Nottingham durch den Park. Das hier war super Unterhaltung. Fast so spannend, wie selbst einen Baum hochzuklettern. Ein paar Kinder tobten auf dem Spielplatz, aber sie waren noch zu jung, um gute Kletterer zu sein. Trotzdem hatten bestimmt schon ein paar von ihnen versucht, auf die Spinnenfalle zu klettern. Es sah so einfach aus.

Die Lärche hatte die Form einer Karotte. Sie lief spitz zu, bis in 19 Meter Höhe. Sie hatte geschwungene, ausladende Äste. Deshalb erschien es kinderleicht, an ihr hochzuklettern. Die Äste wirkten wie Sprossen einer Leiter. Dieser Baum hatte Büschel von Nadeln statt Blättern, aber mit Handschuhen war das kein Problem. Nottingham hielt mich bestimmt für verrückt, weil ich einen so leichten Baum ausgesucht hatte. Ich fürchtete, jemand könnte ihm den wahren Grund verraten, warum ich ihn ausgesucht hatte. Aber alle hielten den Mund.

Marvin schob mein Rad neben uns her, während wir hingingen. Er sagte: „Ich gebe es dem, der die Wette gewinnt."

Sara fragte mich: „Kletterst du auch?"

Ich schüttelte den Kopf. „Die Wette ist, dass Nottingham nicht bis oben hochklettern kann. Es wissen ja alle, dass ich es kann."

„Und du willst ihm nicht sagen, dass er aufpassen muss?", fragte Sara weiter.

Ich schüttelte wieder den Kopf. „Warum sollte ich?"

„Das ist irgendwie gemein", fand Sara. „Mia, findest du das nicht gemein?"

Mia antwortete nicht. Aber ich konnte den Ausdruck auf ihrem Gesicht lesen. Und ja, sie fand das gemein von mir.

Zu Sara sagte ich: „Ich will mein Rad nicht verlieren."

Mia fragte mich: „Was ist dir wichtiger? Dein Fahrrad – oder der beste Kletterer zu sein?"

Colin grinste und hielt sein Handy schon bereit, um Fotos zu machen. Offensichtlich dachte er, es würde lustig werden.

Wir versammelten uns alle um die *Spinnenfalle.* Es war später Nachmittag, aber die Juni-Sonne fühlte sich noch heiß an. Der Baum warf einen schmalen, kühlenden Schatten.

Nottingham fragte: „Ich muss da nur hochklettern und das ist alles, oder?"

Ich nickte.

„Kein Zeit-Limit, und ich kriege ein schönes neues Fahrrad?", versicherte er sich.

Ich nickte wieder. Von Mia hörte ich ein missbilligendes „Ts ts ...".

Nottingham trat an den Baum ran. Die Äste reichten bis zu seinen Knien runter. Es war ihm wohl klar: Es gab einen Haken oder eine Falle. Ich hoffte nur, dass er nicht rausfinden würde, was es war. Für die Namen unserer Bäume gab es gute Gründe.

Nottingham nahm seine schwarze Kappe ab. Seine Igelfrisur darunter war feucht und platt.

Er gab mir die Kappe und sagte: „Pass du doch bitte auf die hier auf. Ich brauch nicht lang."

Sara sagte zu Nottingham: „Lass sie auf. Im Ernst."

Aber Marvin machte: „Psst!" Er wollte wohl genauso wie ich, dass mein Plan aufging.

Alle anderen schienen die Luft anzuhalten. Nervös sah ich Nottingham beim Klettern zu. Auf diesen Baum war ich ewig nicht geklettert, und ich hoffte, dass er seinem Ruf noch gerecht wurde. Sonst hätte ich das Rad längst verloren und Nottinghams Swift Runs würden bald in die Pedale treten.

Nottingham ließ sich Zeit. Er ging um den Baum rum und schaute nach den besten Ästen für den Einstieg. Als er sich entschieden hatte, sagte er: „Wenn du mit deinem Rad abhaust, während ich es da hoch schaffe, finde ich raus, wo du wohnst, und mach dich platt."

„Mach ich nicht", erwiderte ich. Aber dann merkte ich, wie ich von einem Fuß auf den anderen hüpfte, weil so viel Spannung in der Luft lag.

Die untersten Äste der Lärche ragten weit vom Fuß des Baums weg. Wir sahen alle dabei zu, wie Nottingham sich zwischen ihnen durchschob, um durch das stachelige Grün zum Stamm zu gelangen. Er trat mit einem Fuß auf den untersten Ast. Seine Hände legte er an den Stamm. Dann trat er gleich auf den nächsten Ast. Jetzt war er mit beiden Füßen weg vom Boden. Und danach war er schnell weiter oben auf dem nächsten Ast. Sein Kopf schob sich durch die Nadel-Büschel. Nächster schneller Zug nach oben.

Aber dann sprang er genauso schnell wieder auf den Boden, mit einem überraschten Schrei.

Nottingham fluchte und schlug sich ins Gesicht und auf den Hals. Er kam zwischen den Zweigen rausgeschossen. Er versuchte noch einmal zu schreien, aber sein Mund war voller Spinnweben. Ich zählte mindestens vier Spinnen mitten auf seinem Gesicht und am Kinn und zwei weitere, die über seinen Hals liefen. Eine klebte an dem Schweiß auf seiner Wange fest; ihr fetter Körper bebte und ihre langen, haarigen Beine wackelten. Nottingham gab sich selbst Ohrfeigen. Er tanzte herum und schüttelte seinen Kopf wie zu Heavy-Metal-Musik, während er versuchte, die Viecher aus seinen Haaren zu kriegen.

Selbst wenn man keine Angst vor Spinnen hätte, wäre es übel, sein Gesicht in viele Spinnennetze zu stecken. Und *Spinnenfalle* hielt zig fette, klebrige Spinnennetze in ihren Ästen versteckt.

Die Menge zeigte auf Nottingham und schrie vor Lachen. Alle fanden es lustig, wie Nottingham herumtanzte, um sich schlug und fluchte. Er beruhigte sich schnell, nachdem er die eklige Überraschung losgeworden war. Aber nicht nur Colin hatte sein Handy gezückt. Die anderen sahen ihre Fotos durch und lachten immer mehr. In ein paar Sekunden würde das alles auf Instagram, YouTube und TikTok zu sehen sein. Nottingham würde jeden Moment viral gehen.

„Du hast mich reingelegt", sagte er. Er riss mir seine Kappe aus der Hand, als ich sie ihm hinhielt. Aber bevor er sie wieder aufsetzte, strich er sich noch einmal durchs Haar – für den Fall, dass sich immer noch kleine Viecher in seiner Frisur versteckten. Er war sauer und verlegen und die Narbe in seinem Gesicht sah blass aus.

„Du hast verloren", sagte ich zu ihm. „Schnellster Fall aller Zeiten."

Mia nahm mein Rad von Marvin zurück mit einem mehr als höflichen „Danke schön".

Nottingham ballte beide Fäuste und sah aus, als wollte er mir eine reinhauen. Er hatte leuchtend rote Bisse mitten im Gesicht und auf der Stirn. Ich wusste, dass daraus Pusteln in Smartie-Größe werden würden, die juckten wie Sau. Nottingham sagte: „Ich bin besser im Klettern und das weißt du. Deshalb musstest du mich reinlegen. Du weißt, dass ich hier auf jeden Baum klettern kann."

Es war Sara, die auf den letzten der Großen Fünf zeigte, den Baum ohne Namen. „Was ist mit dem da?", fragte sie. „Das ist der größte im Dorf."

Nottingham tat so, als wäre er nicht beeindruckt. „Wenn du meinst. Kein Problem. Ich hab eine Million von der Sorte im Sherwood Forest gesehen. Geht locker."

Marvin sagte: „Bis jetzt ist da noch keiner hochgekommen."

Nottingham sah mich spöttisch an. „Nicht mal Herr Bester-Kletterer-im-Dorf?"

Marvin schüttelte den Kopf. „Nein. Aber er sagt, dass er das bald macht."

Colin erklärte: „Das ist der einzige Baum hier, der noch keinen Namen bekommen hat." Er interessierte sich nicht mehr für die Fotos auf seinem Handy. „Wer ihn zuerst erklettert, darf ihm einen Namen geben. Das war bei den anderen Bäumen genauso." Colin zeigte auf mich. „Er will ihn *Hillers Himmelstecher* nennen. Zumindest erzählt er das allen."

Ich war entsetzt darüber, was sie Nottingham alles erzählten, und wollte, dass sie die Klappe hielten. Ich warf Mia einen Blick zu, aber sie zuckte nur die Schultern.

Nottingham sah angewidert aus. „Das ist der beknackteste Name für einen Baum, den ich je gehört habe", sagte er und sah mir dabei direkt in die Augen. Dann drehte er sich um und rief: „Wer will sehen, wie ich Hilly darin schlage, bis ganz oben auf diesen Baum zu klettern?"

Die meisten hoben die Hand und riefen: „Ja!" Das tat weh. Sie sollten meine Freunde sein. Auch Colins Hand war oben.

Nottingham sagte zu mir: „Ich erwarte dich hier am Sonntagmorgen. Um zehn. Keine albernen Tricks. Kletterer gegen Kletterer. Direkt hoch. Und wenn ich als Erster oben bin, gebe ich ihm einen vernünftigen Namen."

„Welchen denn?", fragte Mia.

Nottingham schaute quer durch den Park zur riesigen Eibe, dem letzten der Großen Fünf Bäume. Mit 30 Metern Höhe überragte die Eibe alles andere. Nottingham sagte: „Keinen dummen oder verrückten Namen. Ich werde ihn so nennen, wie er ist: *Großer mächtiger König*."

3. Teil

Verrücktes Esche-Biest

Esche *(Fraxinus excelsior)*

Laubbaum – Europa – 23 Meter

7. Kapitel

Später an dem Abend waren Mia und ich in meinem Zimmer. Es war total chaotisch. Mia störte sich nicht daran – sie war es gewohnt. Ich sagte: „Der letzte Baum soll seinen Namen nicht von jemandem bekommen, der nicht aus dem Dorf ist. Niemand will das. Das ist unser Baum. Nottingham ist gerade erst angekommen. Er hat keine *Reichweite.*“

„Können wir einfach diese Hausaufgabe fertig machen?“, fragte Mia. Sie zeigte auf den Stapel Französisch-Arbeitsblätter.

Ich hatte keinen Schreibtisch. Also musste ich auf meiner Kommode arbeiten. Mia saß auf der Bettkante. Sie versuchte, meine Aufmerksamkeit auf die Hausaufgaben zu lenken, schaffte es aber nicht.

Ich sagte: „Es ist Freitag-Abend.“

„Genau“, antwortete Mia. „Ich will es nicht wieder bis zur letzten Minute am Sonntag aufschieben. Ich kriege immer schlechte Noten, wenn ich meine Hausaufgaben hektisch machen muss."

„Du hängst in letzter Zeit zu viel mit diesem Superhirn Colin rum."

Sie zuckte die Schultern. „Ich will es nur fertig kriegen."

Aber Hausaufgaben waren meine geringste Sorge. „*Großer mächtiger König* klingt ungefähr so, wie ein Fünfjähriger den Baum nennen würde", spottete ich. Ich konnte nicht still sitzen. Ich konnte nicht aufhören, immer wieder laut von Nottingham und unserem Wettkampf zu reden: Am Sonntag würden wir um die Wette auf den letzten Baum klettern. „Ich muss derjenige sein, der dem Baum einen Namen gibt", sagte ich. „Muss ich einfach."

Mit einem knurrigen Seufzer schmiss Mia ihren Stift auf meine Kommode. „Ich geh nach Hause."

„Was? Warum?", fragte ich.

„Weil ich mit diesem Kram fertig werden will", antwortete sie und klatschte mit der flachen Hand auf ihr Französisch-Buch. „Wir müssen das nächste

Woche abgeben. Du hast gesagt, wir würden das zusammen machen."

„Ich bin überhaupt nicht gut in Französisch", sagte ich und zog dabei ein Gesicht, als ob diese Sprache mir einen üblen Geschmack im Mund hinterließe.

„Ich auch nicht", sagte Mia. „Es ist schwierig. Deshalb muss ich mir richtig Mühe geben. Aber wenn dir das komplett egal ist ..."

Ich fragte: „Was meinst du, warum hat Nottingham gesagt, wir sollen uns am Sonntag treffen? Warum nicht morgen? Meinst du, der schleicht sich noch mal hin und versucht heimlich auf den Baum zu klettern?"

Mia seufzte noch einmal, aber leiser. Sie sammelte ihre Schulsachen zusammen und tat sie in ihre Tasche.

Ich redete weiter: „Er ist so verdammt eingebildet. Kommt gar nicht von hier und meint schon, er wäre der Beste. Findest du ihn gut aussehend?"

Meine Frage schien Mia zu schocken. Sie warf mir einen komischen Blick zu.

Meine Frage schockte mich selbst ein bisschen. „Seine Narbe ist cool“, versuchte ich mich zu rechtfertigen. Ich fuhr mir mit dem Finger über die Wange und zeichnete den Verlauf von Nottinghams Narbe nach. „Was meinst du, woher hat er die? Ich vermute mal, das war ein Ast, als Nottingham von irgendeinem Baum im Sherwood Forest gefallen ist.“

„Ist mir nicht so wichtig“, antwortete Mia. „Ich gehe jetzt. Wir sehen uns morgen.“

„Geh nicht nach Hause“, sagte ich. „Lass uns in den Park gehen, für den Fall, dass er den letzten Baum ohne mich hochklettert.“

„Es ist fast zehn Uhr. Der wird jetzt nicht klettern.“

„Dann morgen früh“, sagte ich. „Aber richtig früh. Falls er auch früh hingeht.“

Mia zuckte die Schultern. „Vielleicht. Aber ich muss Französisch machen. Ich hasse es, die ganze Zeit die Schlechteste in der Klasse zu sein.“

In letzter Zeit benahm sich Mia immer mehr so, als ob ihr Klettern gar nicht so wichtig wäre. Sie kam nicht mehr so oft mit raus wie früher. Ich hatte zuerst gedacht, das hätte daran gelegen, dass ihre Mama eine Weile krank war. Da hatte Mia oft in der Schule gefehlt, um sich um sie zu kümmern. Wir hatten alle befürchtet, Mias Mutter müsste ins Krankenhaus. Aber selbst als es ihrer Mutter wieder besser ging, blieb Mia öfter zu Hause. Sie erzählte mir, sie würde sich immer noch um ihre Mutter kümmern. Aber ich begann zu ahnen, dass sie einfach nur ihre Hausaufgaben nachholte.

Wir trafen uns immer mit den anderen bei den Bäumen am Rand des Friedhofs, oder bei der Baumgruppe auf dem Peters-Hof, oder im Park. Mia stoppte meine Zeit. Sie sah von unten zu. Sie half mir, die schnellsten Wege und besten Äste zu finden. Das machten wir so. Das machten die meisten Jugendlichen hier so. Was gab es denn sonst zu tun? Ich fragte: „Du bist aber nicht auf Nottinghams Seite, oder? Willst du, dass er mich besiegt?"

Mia stieg gerade über einen Stapel Klamotten auf meinem Fußboden und stolperte fast vor Schreck. „Was?"

„Stehst du auf den und willst, dass er mich schlägt?", fragte ich.

„Ach Quatsch“, antwortete sie.

Ich zuckte die Schultern. „Du hast eben gesagt, er sieht gut aus.“

„Hab ich nicht.“ Sie wurde rot. Da kam es mir so vor, als würde sie sich schuldig fühlen. Sie erwiderte: „Du meintest doch, Nottinghams Narbe sähe cool aus.“

Wir starrten uns wortlos an. Wir warteten beide und hatten Schiss, was als Nächstes kam. Aber dann platzte mein Bruder rein, ohne anzuklopfen. Ich hatte gar nicht gewusst, dass er zu Hause war.

„Hey, Turteltauben!“, sagte Nev. Er grinste wie ein Perverser. „Hoffe, ihr habt beide eure Klamotten an.“

„Red keinen Müll“, meckerte ich ihn an.

„Halt die Klappe, Nev“, sagte Mia.

Nev machte Kulleraugen und lachte mir ins Gesicht. Sein Atem roch nach Bier.

Er war vier Jahre älter als ich und trug seine fettigen langen Haare in einem Pferdeschwanz. Er liebte altmodische Rockmusik – Bands, von denen kein normaler Mensch jemals gehört hatte. Seit ungefähr einer Million Jahre lernte er Gitarre spielen. Aber seit er seinen Job als Gabelstapler-Fahrer verloren hatte, verbrachte er die meiste Zeit im Dorf-Pub.

Nev sagte: „Es wird Zeit, dass ihr beide was miteinander anfangt." Er verzog seinen Mund zu einem bierseligen, misstrauischen Grinsen. „Sie ist doch das einzige Mädchen, vor dem du keine Angst hast, stimmt's?" Er tat so, als würde er mir in den Bauch boxen. Ich drehte mich weg, um mich zu schützen, und Nev gab mir stattdessen einen heftigen Klaps auf den Hinterkopf. Ich fiel jedes Mal darauf rein.

„Sag mir einfach, was du willst", sagte ich. „Und dann hau ab."

„Rede nicht so mit mir", sagte Nev. „Ich tu dir einen Gefallen. Einer von deinen kleinen Freunden steht vor der Tür."

Mia und ich sahen uns an. Wer sollte denn abends um zehn bei mir klingeln?

Wir mussten uns an Nev vorbeidrängen, um aus meinem Zimmer zu kommen. Er haute mich noch mal und mir stiegen die Tränen in die Augen. Nev sagte:

„Geh in Zukunft selbst an die Tür. Ich bin nicht dein Diener."

Während wir runtergingen, rieb ich mir die Augen trocken. Mia tat so, als würde sie es nicht sehen. So was konnte sie gut.

Es war noch warm draußen und noch nicht ganz dunkel. Colin wartete in unserer Einfahrt, mit seinem Handy in der Hand. Er wirkte irgendwie aufgekratzt, nervös. Mein erster Gedanke war, dass ich ihn nur selten ohne seinen Zwilling sah. Er keuchte, als ob er gerannt wäre. Colin winkte mit seinem Handy und sagte: „Ich hab versucht, dich anzurufen."

Unsere Einfahrt bestand nur aus rissigem Beton und Unkraut. Der Zaun an der Seite hing schief. Unser Auto war nicht da; also war Mama wohl noch auf der Arbeit. Sie arbeitete im Pub und musste Nev wahrscheinlich nach Hause schicken, bevor er zu besoffen wurde.

Colin fragte: „Warum ist dein Handy aus? Ich hab es ewig versucht."

Ich besaß ein Handy. Aber ich schaltete es kaum ein, denn ein Zombie hatte mehr Leben in sich als mein

Akku. Ich schämte mich, dass mein Handy so alt und schrottig war – wie alle meine Sachen. Außer meinem Fahrrad. Das Fahrrad hatte Mama mir zum Geburtstag besorgt. Es war das neueste Teil, das ich jemals besessen hatte.

Colin keuchte: „Er hat dein Rad geklaut." Colin knallte mir sein Handy vors Gesicht, um mir ein paar unscharfe Bilder zu zeigen. „Nottingham hat es. Er hat dein Fahrrad geklaut und es ganz oben ins *Verrückte Esche-Biest* gehängt."

8. Kapitel

Zuerst glaubte ich Colin nicht. Ich *wollte* ihm nicht glauben. Aber als ich nachsah, lehnte mein Fahrrad nicht an der Wand unter dem Küchenfenster, wo ich es abgestellt hatte. Also rannte ich den ganzen Weg zum Park.

Mia rannte mit. Wir hängten Colin ab, weil er schon den ganzen Weg zu meinem Haus gerannt war und jetzt kaputt war. Vermutlich war sein Riesenhirn so schwer, dass es ihn ausbremste. In Sport war er immer der Letzte. Der Park war nur ein paar Straßen von meinem Haus entfernt. Ich fluchte beim Rennen und sagte zu Mia, dass ich Nottingham am liebsten umbringen wollte.

Die Park-Tore waren abgeschlossen. Aber wir kannten eine Lücke in der Hecke. Der Spielplatz lag im Dunkeln; das Fußballfeld war eine stille offene Fläche unter einem kleinen Mond. Wir rannten über das trockene, klumpige Gras und sahen zwei Gestalten vor dem *Verrückten Esche-Biest* stehen. Einen Golfschläger und einen Ziegelstein. Sara und Marvin.

„Wo ist es?“, rief ich ihnen zu. „Was hat er damit gemacht? Wo ist mein Rad?“

Die beiden zeigten nach oben in den Baum.

Ich stolperte beinahe über meine eigenen Füße, als ich nach oben in die düstere Krone des Baums starrte. Über 20 Meter hoch hing mein Fahrrad. Das Mondlicht spiegelte sich in den Rädern und dem Lenker.

9. Kapitel

„Wie?“, fragte ich, während ich zum *Verrückten Esche-Biest* und meinem Fahrrad hochblickte. „Wie hat er ...?“ Ich konnte kaum sprechen. „Wie hat er das hochgekriegt ...? *Da hoch?!*“

„Es ist mit einem Seil festgemacht“, sagte Marvin.

„Du hast ihn gesehen?“, rief Mia. „Und du hast ihn nicht aufgehalten?“ Sie war genauso baff wie ich.

Marvin zuckte die Schultern. „Fand’s witzig“, sagte er.

„Ging uns nichts an“, fügte Sara hinzu.

„Ich dachte, ihr wärt meine Freunde und nicht seine“, sagte ich.

Und dieses Mal zuckten Marvin und Sara beide die Schultern.

Marvin sagte: „Wenigstens hat Colin dir Bescheid gegeben. Sonst hätte dein Rad da oben die ganze Nacht festgehangen."

Mia fragte: „Wie, verdammt, sollen wir das da runterkriegen?"

Aber ich wollte etwas anderes wissen: „Wo verdammt noch mal steckt er? Wo ist Nottingham?"

Marvin und Sara wussten es nicht.

„Er wohnt draußen an der Landstraße", sagte Marvin. „Vielleicht ist er einfach nach Hause gegangen."

Sara widersprach: „Ich dachte, er wohnt im Ringweg."

Der Ärger und Stress brachten mich innerlich zum Kochen. „Das heißt, ich kann ihn noch nicht mal holen, damit er mein Fahrrad runterholt – wenn niemand weiß, wo er wohnt." Ich raufte mir so wild die Haare, dass ich sie mir beinah ausriss. Ich schrie, fluchte, brüllte den Baum an, an dessen höchsten Ästen mein Fahrrad festgebunden war. Aber meine ganze Wut und mein ganzer Frust richteten sich gegen Nottingham.

Ich schrie so verdammt laut, dass ich dachte, er könnte mich vielleicht hören, egal, in welcher Straße er wohnte.

Mia meinte: „Das ist verrückt. Total verrückt."

Und Sara sagte: „Dann hat Nottingham wohl den richtigen Baum erwischt."

Niemand lachte.

Mia sagte zu mir: „Du weißt, dass er das gemacht hat, um sich für die *Spinnenfalle* zu rächen, oder?"

Ich verzog den Mund und spottete: „Nottingham hat ein paar Spinnweben ins Gesicht bekommen und ein paar Spinnenbisse. Na und?"

Mia redete auf mich ein: „Was du gemacht hast, war eine gemeine Scheiß-Verarsche. Und das weißt du auch. Du hast angefangen."

„Er hat mein Fahrrad in einen Baum gehängt!", rief ich und stieß mit dem Finger in die Luft.

Mia nickte. „Genau. Er hat beschlossen, doppelt so gemein und scheiße ranzugehen."

Ich sagte: „Dann guck mal zu, wie ich es dreifach, vierfach und fünffach mache."

Mia sah mich an und schüttelte den Kopf. Mir fiel auf, dass sie das in letzter Zeit immer öfter tat. Ich hasste es, dass sie immer so groß und schlau tat, als ob sie viel klüger wäre als ich. Plötzlich richtete sich meine Wut gegen sie. „Wenn du mir noch nicht mal helfen willst, mein Fahrrad zurückzukriegen, dann hau doch ab!", schrie ich sie an. „Geh nach Hause und mach dein blödes Französisch für die Schule, wenn dir das wichtiger ist!"

Sie trat einen Schritt weg von mir. Geschockt. Und ich drehte mich weg, sodass sie mir nicht ansehen konnte, wie verletzt ich war. „Du kannst nicht klettern, also kannst du nicht helfen", sagte ich noch zu Mia. Dann schaute ich Sara an und fragte sie: „Du bist doch schon mal auf das *Verrückte Esche-Biest* geklettert, oder? Kannst du mir helfen, mein Rad runterzuholen?"

Ich schaute nicht zu, wie Mia über das Fußballfeld im Mondlicht wegging. Ich ging auf den Baum zu.

10. Kapitel

Auf das *Verrückte Esche-Biest* zu klettern, war gefährlich. Im Dunkeln zu klettern, war gefährlich. Deshalb kletterten Sara und ich langsam und vorsichtig.

Colin hatte es schließlich zurück in den Park geschafft. Er stand mit seinem Bruder da und schaute uns zu. Die beiden waren bald nur noch kleine schwarze Schatten weit unten.

Die meisten Eschen waren nicht schwer zu erklettern. Ihre Äste federten zwar, hielten aber einiges Gewicht aus. Ihr Laub war nicht so dicht. Man konnte immer noch sehen, wohin man seine Füße setzte und mit den Händen griff. Und man bekam nicht viele Insekten ab, die in diesen Bäumen lebten. Für mich waren Eschen die wohl schönsten Bäume. Aber diese nicht.

Früher, bevor ich auf die Welt kam, sägten Leute aus dem Dorf Äste von diesem Baum ab und klauten sie. Wahrscheinlich taten sie das, weil Eschenholz sich super für Möbel und solche Sachen eignete. Es musste ein extra Dorf-Recht erlassen werden, um die Leute davon abzuhalten, den Baum auf diese Weise ganz zu töten. Aber sie hatten schon viel Schaden angerichtet; und die Ast-Reste, die noch da waren, wuchsen in den folgenden Jahren ganz seltsam. Sie standen in scheinbar falschen Winkeln ab oder endeten in hässlichen Stümpfen. Wie ich schon sagte: Eschen sollten schön aussehen. Diese sah verrückt aus.

Sara und ich mussten beim Klettern im Dunkeln nach den guten Ästen tasten. Wir mussten extra langsam vorgehen. Wir halfen uns, so gut wir konnten. Wir gaben uns Hinweise, an welchen Stellen wir mit den Füßen guten Halt finden konnten und welche Stellen zu riskant waren. Wenn ich nicht so sauer und wütend auf Nottingham gewesen wäre, hätte ich vermutlich gemerkt, dass das eine meiner gewagtesten Kletterpartien war.

Ich sagte zu Sara: „Tut mir leid, dass ich dich irgendwie gezwungen habe, mir zu helfen. Aber du weißt ja, dass Marvin und Colin nicht so gut klettern können wie du. Vor allem nicht im Dunkeln. Das beweist, dass du *Reichweite* hast.“

Sara sagte nur: „Du hättest Mia nicht nach Hause schicken sollen."

„Sie kann nicht klettern", erwiderte ich. „Sie hätte nicht helfen können."

Sara testete einen Ast. Er hielt. Sie kletterte höher. „Mia ist deine beste Freundin", sagte sie.

Der Ast, den ich gepackt hatte, fühlte sich nicht stark genug an. „Sie verhält sich in letzter Zeit nicht so. Sie verändert sich", sagte ich.

„Was du nicht sagst", antwortete Sara. „Vielleicht kommst du eines Tages auch noch in die Pubertät."

„Halt die Klappe. Du weißt, was ich meine." Ich riss an einem anderen Ast und er brach in meiner Hand ab. „Es ist Freitag-Abend und Mia macht Hausaufgaben."

Sara zeigte mir, welcher Ast stärker war. „Ich hab gehört, wie sie letzte Woche nach dem Unterricht mit Frau Jaden gesprochen hat. Die meinte, Mia sei eine der schlauesten Schülerinnen in unserem Jahrgang."

„Das wussten wir doch eh alle“, sagte ich. Ich wartete noch, bis Sara auf den nächsten Ast hochstieg. Dann folgte ich ihr.

Sara redete weiter: „Aber Frau Jaden meinte, Mia sollte anfangen, ihren Kopf richtig zu benutzen, wenn sie eines Tages zur Uni gehen will.“

„Warum denkt Mia überhaupt schon an die Uni, obwohl wir erst fünfzehn sind?“, fragte ich. „Das ist verrückt.“ Ich trat im Dunkeln daneben und musste mich gut festhalten. „Ich wette, sie ändert in ein paar Jahren ihre Meinung.“

„Ich wette, dass sie das nicht tut“, erwiderte Sara. „Und ich wette noch was: Sie würde sich wirklich freuen, wenn du ihr sagen würdest, dass du mitgehen willst.“

„Warum sollte ich zur Uni gehen wollen?“ Ich benutzte denselben Ast wie Sara und kletterte ihr hinterher.

Sara entgegnete: „Weil eine Universität nicht dieses winzige, klitzekleine, langweilige Dorf ohne Zukunft irgendwo in der Pampa ist. Mia hat mir erzählt, dass sie nicht mehr hier sein will, wenn sie so alt ist wie ihre Mama."

„Mir gefällt es hier", sagte ich. Hatte ich ein schlechtes Gewissen, weil ich Mia nach Hause geschickt hatte? Vielleicht kam das noch. Wenn wir mein Fahrrad gerettet hatten.

Wir erreichten die Stelle, an der Nottingham mein Rad an den Baum gebunden hatte. Wir waren auf ungefähr drei Viertel der Höhe des Baums. Nottingham hatte ein Seil mehrfach um den Rahmen meines Fahrrads gewunden und noch mehr Seil um den Stamm gewickelt. Ich sagte zu Sara: „Ich versteh immer noch nicht, wie, verdammt, Nottingham das so hoch in den Baum gekriegt hat."

„Er ist zuerst mit dem Seil hochgeklettert und hat dann das Rad hochgezogen", erklärte Sara.

„Stark", sagte ich. Und dann merkte ich, dass ich das wirklich so meinte.

Sara sagte: „Du musst es zugeben. Er hat *Reichweite.*" Aber so weit wollte ich nicht gehen.

Sara rief Marvin und Colin zu, dass wir das Rad zu ihnen runterlassen würden. Wir hockten zwischen den Ästen und begannen das Seil Knoten für Knoten zu lösen.

Ich sagte: „Meine Mama hat mir dieses Rad gekauft. Ich weiß, dass sie dafür ewig gespart haben muss. Sie verdient doch so wenig. Und wenn Nottingham irgendwas daran kaputt gemacht hat … dann wird er das bereuen, ich schwör's. Es ist das Beste, was ich habe."

Sara grunzte, während sie mit dem Seil und den fetten Knoten kämpfte, die Nottingham reingemacht hatte. Ich konnte an meinem Fahrrad keine Kratzer im Lack entdecken; aber im Dunkeln konnte ich eh nicht viel erkennen. Ich sagte zu Sara: „Das wird Nottingham mir büßen. Mia liegt doch falsch, wenn sie meint, ich sollte mich nicht an ihm rächen. Das siehst du auch so, oder?"

Sara lachte. „Was heute los war, ist das Spannendste, was hier seit Ewigkeiten passiert ist. Dass du und Nottingham euch so auf die Nerven gegangen seid. Ich kann es kaum erwarten, euch am Sonntag um die Wette klettern zu sehen."

„Ich werde gewinnen“, sagte ich. „Ich bin der beste Kletterer im Dorf.“

„Das erzählst du jedenfalls allen.“

„Ich werde ihn *Hillers Himmelstecher* nennen.“

„Wissen wir“, sagte Sara.

Ich redete weiter: „Du findest doch auch, dass *Großer mächtiger König* ein Scheißname ist, oder?“

Sara sagte nichts dazu. Sie gab mir das Ende des Seils und erklärte: „Wenn ich diesen letzten Knoten löse, musst du gut festhalten. Am besten wickelst du das Seil um den Stamm, sodass es leichter wird, dein Rad runterzulassen.“

„Geht schon“, meinte ich. „So schwer ist mein Rad nicht. Es kann nicht schwer sein, wenn Nottingham es geschafft hat, es bis hier hochzuziehen, oder?“

Sie nickte. „Okay, Vorsicht, halt gut fest“, sagte sie. „Letzter Knoten …“

Aber mein Fahrrad war schwer genug, um diesen Knoten ganz allein zu lösen. Ich spürte, wie das Seil in meiner Hand ruckte. Ich griff fest zu. Das Gewicht meines Fahrrads zog mich nach vorne und beinah hätte ich den Halt verloren.

„Halt fest!“, schrie Sara.

Ich grunzte und zog heftig. Das Seil brannte an meinen Handflächen. Mir war sofort klar, was passieren würde, wenn ich das Seil weiter festhielt: Ich würde geradewegs vom Ast gerissen, raus aus dem Baum. Ich ließ das Seil los.

Ich sah meinem Rad dabei zu, wie es runterfiel. Es krachte durch die Äste, rutschte und rauschte durch die Blätter in die Dunkelheit. Es fühlte sich an, als würde mein Magen mit ihm fallen.

Sara schrie eine Warnung zu Marvin und Colin runter. Die beiden sprangen aus dem Weg.

Mein Rad schepperte auf den Boden und flog auseinander.

4. Teil

Doppel-Stämmer

Eiche *(Quercus robur)*

Laubbaum – Europa – 25 Meter

11. Kapitel

Auf dem Heimweg musste ich das Fahrrad tragen. Es war mit dem Hinterrad zuerst aufgekommen, und das war bei dem Aufprall zerquetscht worden. Die Speichen waren aus der zertrümmerten Felge gebrochen. Der ganze Rahmen war verbogen und verdreht. Der Sattel war abgesprungen wie ein Korken von einer Flasche Sekt. Mein kostbares Fahrrad war Schrott.

Ich ging mitten durch den Park heimwärts und traute mich nicht, auch nur ein Wort zu Marvin, Colin oder Sara zu sagen. Marvin bot mir an, mir beim Tragen meines Fahrrads zu helfen. Aber ich schüttelte nur den Kopf. Ich hatte Schiss: Ich dachte, wenn ich den Mund aufmachte, um etwas zu sagen, würde ich zu heulen anfangen.

Ich stolperte mit meinem zerstörten Fahrrad nach Hause und versteckte es ganz hinten in unserem verwilderten Garten, wie ein schmutziges Geheimnis. Die ganze Zeit überlegte ich, wie ich das Mama verklickern könnte. Wie konnte ich ihr erzählen, was passiert war? Sie hatte so hart gearbeitet und so viel gespart, um mir dieses Rad kaufen zu können. Ich hatte keine Ahnung, was ich sagen sollte.

Es war schon fast Mitternacht, aber Mama war noch nicht von der Arbeit zurück. Nev saß im Wohnzimmer vorm Fernseher. Ich stürzte gleich hoch in mein Zimmer und warf mich aufs Bett, ohne meine Klamotten oder auch nur meine Swift Runs auszuziehen. Und dann fing ich an zu heulen. Ich zog mir das Kissen über den Kopf und schluchzte.

Mein Hass auf Nottingham brannte in mir wie ein Leuchtfeuer.

12. Kapitel

Am nächsten Morgen aufzuwachen, war hart. Ich hatte geträumt, *ich* wäre vom *Verrückten Esche-Biest* gefallen – und nicht mein Fahrrad. Vielleicht wünschte ich, genau das wäre passiert. Ich kam mir noch müder vor als am Abend zuvor. Ich wollte nicht raus aus dem Bett. Also blieb ich unter der Decke liegen und lauschte einzelnen Fetzen vom Gespräch zwischen Mama und Nev unten. Ich wollte auf keinen Fall dazukommen.

Um kurz nach neun klopfte Mama an meine geschlossene Tür und teilte mir mit, dass sie zum Supermarkt ging. Sie erinnerte mich an meine Hausaufgaben. Ich hörte Mama die Treppe runtergehen, die Haustür aufmachen und hinter sich schließen, das Auto anlassen und wegfahren. Aber ich kam immer noch nicht aus dem Bett.

Im Haus war es still. Ich fragte mich, ob Nev auch unterwegs war. Ich starrte an die Decke und überlegte, ob ich Mama erzählen sollte, dass mein Rad geklaut worden war. Ich beschloss, mein Handy zu laden, zum ersten Mal seit Wochen. Ich dachte, dann könnte ich Mia anrufen und sie fragen, was ich tun sollte. Aber ich wusste gar nicht, ob Mia überhaupt noch mit mir redete.

Ich wünschte, ich wäre am Vorabend nicht sauer auf sie geworden. Aber ich wünschte auch, sie würde sich nicht so sehr verändern. Auf einmal fühlte sich meine Freundschaft mit Mia so kaputt an wie mein Fahrrad. Und deshalb hätte ich schon wieder heulen können.

Eine Sache trieb mich dann doch aus dem Bett: Ich wusste, dass ich Mama nicht sehen wollte, wenn sie nach Hause kam. Sie würde nur eine Sekunde brauchen, um zu begreifen, was mit mir los war. Es kam mir sehr viel leichter vor, ihr aus dem Weg zu gehen, als sie anzulügen.

Ich nahm mir vor, zum Park zu gehen und zum Üben auf den letzten Baum zu klettern. Wenn ich am nächsten Tag nicht schneller als Nottingham oben wäre und nicht dem Baum einen Namen geben dürfte, dann wäre alles – ALLES – am allerschlimmsten!!!

Ich wollte aufs Klo gehen. Nev kam gerade raus und hatte das Bad vollgestunken. Nev fragte: „Also, worum ging es gestern Abend eigentlich?“ Sein Gesicht glänzte blass, er hatte garantiert Kopfweh und einen Kater.

„Nichts“, sagte ich.

„Kam mir aber nicht so vor wie nichts“, sagte Nev.

Vielleicht gibt es jüngere Brüder, die ihre großen Brüder um Hilfe und Rat bitten können. Aber nicht in diesem Haus. Ich beschloss, dem Gestank aus dem Weg zu gehen, den Nev im Bad hinterlassen hatte. Ich schnappte mir mein schrottiges Handy, obwohl der Akku noch längst nicht voll war. Dann lief ich die Treppe runter und raus.

Noch so ein heißer Tag. Ich ging zum Park, aber noch nicht zu den Bäumen. Es war niemand auf dem Spielplatz, also setzte ich mich auf eine winzige Schaukel und rief Mia an. Sie ging nicht ran. Ich versuchte mich zu erinnern, ob Mia schon mal nicht rangegangen war, als ich sie anrief. Wie kam es, dass ich am Tag zuvor noch Freunde und ein tolles Fahrrad gehabt hatte und auch noch der beste Kletterer im Dorf gewesen war – und jetzt war alles so schlimm geworden?

Nottingham. Alles seine Schuld.

13. Kapitel

Gehässige Ideen schossen mir durch den Kopf, während ich auf der Schaukel rumbaumelte. Ich dachte daran, mit fetten Ästen das Fenster von Nottinghams Zimmer zu zerschmettern. Aber ich wusste nicht, wo er wohnte. Und ich nahm an, mit so was würde ich mir nur noch mehr Ärger einhandeln. Nein. Die beste Rache war bestimmt, wenn ich Nottingham beim Klettern auf den letzten Baum besiegte. Damit könnte ich beweisen, dass ich *Reichweite* hatte und immer noch der beste Kletterer im Dorf war. Das würde sich schön und ruhmvoll anfühlen.

Ich ging durch den Park und dachte, ich würde auf den Baum klettern, der bald *Hillers Himmelstecher* heißen sollte. Aber dann entschied ich mich um: Ich wollte einfach nur in die Höhe klettern und die Aussicht genießen. Normalerweise tat es mir gut, alles unter mir zu lassen.

Der beste Baum für einen tollen Ausblick war die Eiche, die wir *Doppel-Stämmer* nannten. Sie war der zweithöchste Baum unter den Großen Fünf. Irgendwann früher hatte ein riesiger Blitz sie fast vollständig in zwei Teile zerschlagen.

Der Blitz hatte den Baum nicht getötet. Mit den Jahren waren seine zwei Hälften weiter gewachsen – zusammen, aber getrennt. Zwischen den beiden Stämmen war eine Lücke, die immer breiter wurde, je höher die Baum-Hälften ragten. Ganz unten konntest du beim Klettern von einem Stamm zum anderen springen. Ganz oben war die Lücke sehr breit. Um zu versuchen, da rüberzuspringen, hätte man verdammt mutig sein müssen, oder einfach dumm.

Auf dem *Doppel-Stämmer* kletterten wir oft um die Wette. Trotz seiner Höhe war er am einfachsten zu erklettern. Eichen-Äste waren immer dick und kräftig. Und *Doppel-Stämmer* hatte nicht so viele Blätter, die dir ins Gesicht geraten konnten. Manche meinten, der südliche Stamm sei einfacher als der nördliche – also warfen wir immer eine Münze, um zu entscheiden, wer welchen Stamm für das Wettklettern bekam. Der Verlierer wurde normalerweise mit Eicheln beworfen. Das war mir egal. Mich hatten die anderen nie mit Eicheln beworfen. Ich war nämlich nie auf einen einzigen Kletterer gestoßen, der auch nur eine Chance gehabt hätte, mich auf einem der beiden Stämme zu besiegen.

Ohne besonderen Grund wählte ich an diesem Morgen den südlichen Stamm. Die Sonne hatte Kraft, und bis ich es in den Wipfel geschafft hatte, war ich verschwitzt. Ich wünschte, ich hätte eine Flasche Wasser gehabt. Ich hatte mich auf die Aussicht gefreut. Aber sie wurde mir komplett durch Nottingham verdorben, der auf dem nördlichen Stamm saß.

14. Kapitel

Nottingham und ich sahen aus wie zwei Wasserspeier, als wir uns auf den höchsten Ästen der zwei getrennten Stämme gegenübersaßen. Ich wollte rüberspringen und ihn runterschubsen, aber die Lücke war zu groß. Um uns herum war nur leuchtend blauer Himmel.

Nottingham trug dieselbe Kappe und Kleidung wie am Tag davor. Ich fand, er sah viel mehr wie ein Wasserspeier aus als ich. Die Spinnenbisse in seinem Gesicht und an seinem Hals waren rot und biestig angeschwollen. Sie sahen aus, als würden sie wehtun. Ein paar waren blutig gekratzt. Ich vermutete, dass er sagen würde, ich sei an den Bissen schuld. Aber ich weigerte mich, mich schuldig zu fühlen.

Ich rief zu ihm rüber: „Was machst du hier oben?“

Nottingham antwortete: „Freier Baum, freier Park, freies Land. Ich mach dasselbe wie du, nehme ich an. Aussicht genießen.“

Ich dachte, dass er in echt hergekommen war, um für unseren Wettkampf am nächsten Tag zu üben – genau wie ich. „Dein Gesicht versaut mir den Ausblick“, sagte ich.

Nottingham berührte einen der schmerzhaft aufgedunsenen Bisse auf seiner Stirn und zuckte zusammen. Er drehte sich um und zeigte auf das *Verrückte Esche-Biest*. „Ich sehe, du hast dein Rad runtergeholt.“

„Mein Rad ist Schrott. Es ist runtergefallen“, sagte ich.

Er sah ehrlich geschockt aus und sagte: „Das habe ich nicht gewollt. Es sollte ein Scherz sein.“

„Es lacht aber keiner“, erwiderte ich.

Nottingham sagte: „Ich hätte dir das Rad auch wieder runtergeholt.“ Er fasste sich wieder ins Gesicht und fügte hinzu: „Aber nach der *Spinnenfalle* wollte ich dir einfach eins auswischen und dich ärgern.“

„Gut gemacht. Hat geklappt“, sagte ich. „Gestern dachte ich einfach nur, du wärst ein Blödmann. Aber heute hasse ich dich.“

„Ich habe doch gerade gesagt: Ich wollte nicht, dass dein Rad kaputtgeht. Aber du hast angefangen."

„Was hab ich angefangen? Wie?", fragte ich.

Nottingham zeigte auf sein Gesicht. „Hiermit?"

„Ich hab gar nichts angefangen", erwiderte ich. „Wegen dir musste ich mein Rad nach Hause tragen."

Wir starrten uns an. Unsere Wut spiegelte sich im Gesicht des anderen.

Ich zischte: „Kletter einfach runter und hau ab."

„Mach du doch", sagte Nottingham.

Wir saßen uns auf den Ästen gegenüber und ließen die Beine baumeln. Keiner von uns würde jetzt einfach runterklettern.

Nottingham sagte: „Du willst nur nicht, dass ich hier bin, weil du weißt, dass ich ein guter Kletterer bin. Stimmt doch, oder? Du fühlst dich bedroht."

„Du hast keine *Reichweite*", sagte ich.

Nottingham fragte: „Meinst du nicht, *Reichweite* bedeutet mehr als nur, wie hoch du klettern kannst?"

Ich ignorierte seine Frage und stellte ihm selbst eine: „Warum bist du überhaupt hier? Alles war gut, bis du aufgetaucht bist und angefangen hast, auf unsere Bäume zu klettern."

„Wessen Bäume? Die gehören doch niemandem. Und glaub mir, ich habe nicht selber beschlossen, hierher zu kommen. Ich wollte gestern nur bei dem mitmachen, was ihr hier so macht. Ich habe versucht, Freunde zu finden. Woher sollte ich wissen, dass es etwas Wertvolles ist, auf eure Bäume zu klettern, und dass nur die Leute hier aus dem Dorf das dürfen?"

„Du hast angegeben", sagte ich. „Du hältst dich für einen besseren Kletterer als mich."

Nottingham schaute in die Ferne. Aber ich hörte ihn sagen: „Vielleicht bin ich ein besserer Kletterer als du."

Ich schaukelte auf meinem Ast und lehnte mich so weit vor, wie ich mich traute. Ich wünschte wieder, ich hätte Nottingham packen können, ihn boxen.

Nottingham drehte sich zu mir. Er starrte mich über die Lücke zornig an und sagte: „Du hast genauso krass angegeben. Oder noch schlimmer. Hast dich vor mir aufgebaut und gesagt, du würdest meine Kappe wieder runterholen."

„Ich wollte helfen."

„Quatsch. Du hast auch angegeben. *Ich bin der beste Kletterer im Dorf*", äffte Nottingham mich nach.

Ich riss ein paar Eicheln vom nächsten Ast.

Nottingham sagte: „Ich hab ein paar von den anderen über dich ausgefragt. Einige Leute hier halten dich für ein richtiges Arschloch."

Ich schüttelte den Kopf. „Als ob." Aber dann dachte ich daran, wie Nottingham am Tag davor die anderen gefragt hatte: „Wer will sehen, wie ich Hilly auf diesem Baum im Klettern besiege?" Mir fiel wieder ein, dass ich überrascht gewesen war, wie viele meiner sogenannten Freunde ihre Hand gehoben hatten. Ich dachte an Marvin, Colin und Sara ... Wie leicht hätten sie ihn davon abhalten können, mein Fahrrad auf das *Verrückte Esche-Biest* hochzuziehen? Hatte Marvin nicht gesagt, dass er das witzig fand?

Ich starrte zornig zu Nottingham rüber und wollte sagen, dass er Müll erzählte. Aber ich hielt den Mund. Ich quetschte die Eicheln in meiner Faust.

Nottingham lächelte mich spöttisch an. „Meinst du nicht, die anderen nervt und langweilt es langsam, dass du immer erzählst, du wärst der ‚beste Kletterer im Dorf'? Immer wieder. Blablabla."

„Die sind nur neidisch", sagte ich.

„Blablabla", wiederholte Nottingham.

Ich fühlte mich verletzt und wurde unruhig. Ich wusste nicht, was ich sonst tun sollte – also warf ich mit den Eicheln nach ihm. „Du bist das Arschloch."

Nottingham duckte sich und wackelte auf seinem Ast. Aber: Dass ich mit den Dingern warf, war sinnlos und erbärmlich. Eine prallte an seiner Brust ab und der Rest flog vorbei.

Er rupfte selbst Eicheln vom nächsten Ast und bewarf mich damit. Eine traf mich an der Wange, eine andere prallte an meinem dicken Schädel ab, aber weh taten sie nicht. Fünf Minuten lang bewarfen wir uns mit winzigen Eicheln. Das waren die schlechtesten Waffen der Welt. Keiner würde damit jemals gewinnen. Das war auf seltsame Art witzig. Ich merkte, dass wir beide lächelten. Da hörte ich auf zu werfen.

Ich versuchte, wenigstens ein bisschen hart zu klingen, und sagte: „Verschwinde doch einfach wieder nach Sherwood Forest oder sonst wohin!“

„Das würde ich ja gerne“, sagte Nottingham. Er sah unglücklich aus.

„Warum machst du es denn nicht?“, drängte ich.

Er zögerte lange, bevor er etwas sagte. Vermutlich überlegte er, ob er mir überhaupt die Wahrheit sagen sollte. „Weil ich nirgendwo sonst hin kann“, gab Nottingham zu. „Ich bin hier abgeladen worden, bei meinem Cousin. Und ich weiß gar nicht, wo *hier* ist.“

„Warum bist du dann hier?“, fragte ich.

Er antwortete: „Das erkläre ich dir doch gerade. Ich hatte keine Wahl.“ Ich dachte, er würde wieder an den Spinnenbissen in seinem Gesicht kratzen, aber er fasste sich an die Narbe. Wahrscheinlich merkte er das selber gar nicht.

Ich fragte: „Hast du dir die geholt, als du von einem Baum gefallen bist? Einem Sherwood-Forest-Baum?“

Nottinghams Finger zuckten von seinem Gesicht zurück. Ich sah seinen Blick und wünschte, ich hätte nicht gefragt. Er sah nicht böse aus. Er war erschrocken, oder vielleicht traurig. Beides auf einmal. Nottingham sagte: „Das war mein Papa. Ich hab ihn wütend gemacht. Ich hab ihn immer wütend gemacht, auch wenn ich das gar nicht wollte. Und deshalb sitze ich jetzt hier fest – damit er mich nicht findet.“

Wir beide wippten auf unseren Ästen. Ich wusste nicht, was ich sagen sollte. Ich wusste nicht, ob er wollte, dass ich etwas sagte. Stille legte sich über die Lücke zwischen uns. Hier oben wehte kein starker Wind, trotzdem war mir kalt. Ich sah nach unten. Das war ein weiter Weg, wenn man fiel. Ich guckte wieder zu Nottingham rüber und er sah mich an, herausfordernd. Ich wusste nicht, ob das eine Aufforderung war, über ihn zu lachen oder ihn anzugreifen oder loszulaufen und seine Geheimnisse im Dorf zu erzählen. Ich war nicht sicher, warum er mir überhaupt etwas so Persönliches erzählt hatte.

Am Ende sagte ich: „Ich weiß nicht, wo mein Papa ist. Er ist vor Jahren weggegangen. Als Kind habe ich ihm immer heimlich geschrieben. Ich habe ihm so viele Briefe geschrieben, dass ich bei der Post Briefmarken klauen musste, damit meine Mama es nicht merkte. Er hat nie zurückgeschrieben. Nie."

Jetzt guckte Nottingham komisch. Wir spiegelten uns ineinander auf unseren *Doppel-Stämmer*-Ästen.

Ich versprach ihm: „Ich erzähle niemandem von deinem Papa."

Und Nottingham sagte: „Und ich keinem von deinem."

Ich lachte, lächelte aber nicht. „Mach dir keinen Kopf. Von meiner kaputten Familie wissen hier eh alle. Von den Briefen weiß aber nur Mia. Sie hat mir geholfen, die Briefmarken zu klauen."

„Sie scheint cool zu sein. Wie lange seid ihr schon zusammen?", fragte Nottingham.

„Wir sind nicht zusammen", sagte ich. „Aber wir sind beste Freunde." Als ich das sagte, spürte ich einen scharfen Stich. Ich hoffte, dass Mia noch meine beste Freundin war. „Sie ist total schlau und cool." Ich zuckte die Schultern. „Aber sie ist nicht mein Typ. Nicht so ganz. Warum? Stehst du auf sie?"

Nottingham zuckte auch die Schultern. „Auch nicht so ganz mein Typ."

Ich rutschte über meinen Ast. Er zappelte auf seinem rum und sagte: „Ich schwöre, ich wollte ehrlich nicht, dass dein Rad kaputtgeht."

„Ich wollte total, dass du eine Ladung Spinnen ins Gesicht kriegst", sagte ich. „Aber vielleicht hab ich nicht gedacht, dass es so übel werden würde."

„Das juckt wie Sau", sagte er.

Ich blickte durch den Park hinüber ins Dorf. Dann drehte ich mich auf dem hohen Ast so um, dass ich über die Straßen und Felder in die Ferne schauen konnte. „Wie weit ist es bis zum Sherwood Forest?", fragte ich. Vielleicht dachte ich daran, wie Sara gesagt hatte, dass Mia eines Tages zur Universität gehen will. Vielleicht versuchte ich gerade, mir vorzustellen, wohin ich eines Tages auch mal gehen könnte.

„Vier oder fünf Stunden mit dem Auto", sagte Nottingham. „Hoffentlich weit genug für mich. Du weißt, was ich meine."

Ich nickte. Er meinte: weit genug weg von seinem Papa. Und mir wurde klar, dass ich das Dorf nie verlassen wollte. Nicht für immer.

Nottingham fragte: „Du glaubst doch nicht im Ernst, dass du auch im Sherwood Forest der beste Kletterer sein könntest, oder?"

„Wenn du mein einziger Gegner bist, wird das ein Kinderspiel", sagte ich.

„Wenn du das sagst."

Ich drehte mich wieder um auf meinem Ast. Jetzt konnte ich den letzten der Großen Fünf Bäume sehen. Er sah so groß aus, als könnte er Löcher in eine vorbeiziehende Wolke stechen. Ich zeigte auf ihn. *„Hillers Himmelstecher"*, sagte ich.

„Großer mächtiger König", erwiderte Nottingham.

„Das werden wir wohl morgen rausfinden", sagte ich.

„Werden wir wohl", stimmte er mir zu.

Ich kletterte runter und ließ ihn oben sitzen.

5. Teil

Der letzte Baum

Eibe *(Taxus baccata)*

Immergrün – Europa, Nordafrika, Asien – 30 Meter

15. Kapitel

Bis Sonntag-Morgen hatte sich unser Wettkampf rumgesprochen. Um den letzten Baum standen doppelt so viele Leute wie am Freitag bei der *Spinnenfalle*. Alle Gesichter wandten sich zu mir, als ich durch den Park auf sie zukam. Ich konnte die freudige Spannung in der Luft spüren. Normalerweise hätte ich so ein großes Publikum toll gefunden. An diesem Morgen machte es mich nervös. Ich hatte das Gefühl, sehr viel beweisen zu müssen.

In der Menge wollte ich vor allem ein Gesicht sehen: Mias. Ich wusste nicht, ob sie hier sein würde nach dem, was beim *Verrückten Esche-Biest* passiert war. Ich war froh und erleichtert, als ich sie entdeckte. Sie stand bei Sara, Marvin und Colin. Sara und Marvin hielten Händchen. Colin spielte auf seinem Handy rum.

Ich ging auf Mia zu. Ein paar Leute klopften mir auf den Rücken oder wünschten mir viel Glück. Einer rief: „Hilly ist als Erster oben!“ Ich winkte und grinste.

Dann rief jemand anderes: „Zweitbester Kletterer im Dorf!“ Ich überhörte das, so gut ich konnte. Aber ich musste daran denken, wie Nottingham gesagt hatte, was ein paar Leute hinter meinem Rücken über mich erzählt hatten. Es machte mich kein bisschen glücklicher, wenn sie mir das ins Gesicht sagten.

Zu Mia sagte ich: „Ich war nicht sicher, ob du hier sein würdest.“

„Ich bin immer hier. Wo soll ich sonst sein?“, erwiderte sie.

„Bei den Hausaufgaben?“

Mia fragte: „Was ist denn plötzlich verkehrt daran, wenn ich Hausaufgaben mache?“

Ich antwortete: „Das kommt so plötzlich. Vorher hat dich das nie gekümmert. Sara meinte, du willst zur Universität gehen.“

„Vielleicht. Ich hoffe es. Aber erst, wenn ich achtzehn bin.“

„Dann stimmt das also? Du willst das wirklich?“, fragte ich.

„Und was, wenn ich das will? Frau Jaden meinte, ich könnte zur Uni gehen, wenn ich dieses Jahr gut abschneide und dann bis zum Abi weitermache."

Warum erschreckte mich der Gedanke so sehr, dass Mia das Dorf verlassen und zur Uni gehen würde? Es war eine schlimmere Vorstellung als das schwierigste Klettern, schlimmer als der schmerzhafteste Fall. „Aber du hast doch selbst gesagt, dass du total schlecht in der Schule bist", sagte ich.

Mia sah verletzt aus, als hätte ich ihr in den Bauch geboxt. „Frau Jaden denkt das nicht. Sie sagt, ich bräuchte nur den Stoff aufzuholen, den ich verpasst habe, als ich mich um meine Mama gekümmert habe. Und Colin hilft mir. Wir haben gestern den Französisch-Kram noch fertig bekommen und jetzt kapiere ich es auch langsam."

Ich starrte Colin zornig an. Aber er merkte es nicht, weil er auf sein Handy stierte, wie immer. „Und was ist mit uns? Der beste Kletterer im Dorf braucht ein Unterstützer-Team", sagte ich halb im Scherz.

Mia fand es nicht mal halb witzig. „Es wird langsam langweilig, die ganze Zeit nur das Unterstützer-Team zu sein. Mir ist klar geworden, dass ich immer nur genau das für dich war. Stimmt's? Warum soll ich hierbleiben? Ich will aus meinem Leben etwas Besonderes machen."

„Ich auch", sagte ich und streckte einen Finger nach dem Baum vor uns aus. „Ich bin schneller da oben als Nottingham. Ich zeige allen, dass ich immer noch der beste Kletterer bin und den letzten Baum benennen darf. Ich beweise, wie viel *Reichweite* ich habe."

Mia seufzte. „Toll, toll für *dich.* Und ich werde immer berühmt sein als irgendein Mädchen, das mit dem Kletterer rumhing, der den letzten Baum benannt hat."

„Willst du denn nicht, dass ich dem Baum einen Namen gebe?", fragte ich.

„Klar will ich das", sagte Mia. „Aber das ist doch nicht alles, worum es geht, oder?"

Für mich schon. Colin sah endlich von seinem Handy auf und fragte: „Meinst du nicht, *Reichweite* bedeutet mehr als nur, wie hoch du klettern kannst?"

„Ferme ta bouche[1]", entgegnete ich ihm.

---

1 Spricht man „ferm ta busch" aus, ist Französisch und bedeutet „Halt deinen Mund"

16. Kapitel

Es war zehn Uhr. Immer noch kein Nottingham. Ein paar Leute fingen an zu tuscheln, dass er vielleicht kniff. Ich glaubte nicht, dass er es wagen würde, zu kneifen. Aber die Menge wurde unruhig, und ich fragte mich, wo verflixt er blieb. Das Rumhängen machte mich nur noch nervöser. Und ich fragte mich, ob das Nottinghams Plan war. Er wollte, dass ich aufgeregt war, total gestresst, ängstlich, nervös. Dann würde ich beim Klettern mehr Fehler machen. Also befahl ich mir, mich zu entspannen.

Ich war früh aufgestanden, um mich vorzubereiten. Mit einem Messer hatte ich das Profil meiner Schuhsohlen tiefer gemacht. Ich hatte ein Paar von Mamas Leder-Handschuhen genommen und mit Sandpapier deren Handflächen und Fingerspitzen abgerieben, damit sie extra rau und griffig waren. Ich hatte meine liebste Baseball-Kappe dabei und eine alte Schwimmbrille, um meine Augen noch besser zu schützen. Unter meiner Jogging-Hose trug ich Skateboard-Knieschoner. Und dann hatte ich noch eine Wasserflasche mit einem Gurt um meine Brust gebunden. Aber statt Wasser war Red Bull drin. Ich war bereit für die Kletterpartie meines Lebens.

Zu den Leuten sagte ich: „Wenn Nottingham um zehn nach noch nicht hier ist, klettere ich ohne ihn."

Er kam um neun nach an. Und er fuhr auf einem Fahrrad. *Meinem* Fahrrad. Nottingham heizte über das Fußballfeld auf uns zu. Die Menge rund um den letzten Baum machte ihm Platz, als sie merkte, dass er nicht bremsen wollte. Er schlug einen perfekten Haken im Gras, um vor meiner Nase anzuhalten.

„Was?", fragte ich. „Was, verdammt ...?"

Sein Gesicht sah immer noch übel aus, voller Flecken von den Bissen. Aber er grinste, als hätte der Papst versprochen, ihn heiligzusprechen oder so. „Ich habe dein Rad repariert", sagte er.

„Ist das irgendein Trick?", fragte ich.

„Ich hatte ein schlechtes Gewissen", antwortete Nottingham. „Wie ich gestern schon sagte: Ich wollte gar nicht, dass dein Fahrrad kaputtgeht. Also bin ich in deinen Garten geschlichen und hab es geklaut. Noch mal. Ich hab Teile vom Rad meines Cousins benutzt. Er merkt das nicht, weil er es nie benutzt. Ich hab das Hinterrad und den Sattel ersetzt und den Rahmen so gut wie möglich gerade gebogen. Ich hab die ganze Nacht dafür gebraucht. Aber ..." Nottingham wirbelte mit dem Arm rum, als wäre er der größte Zauberer der Welt. „... ich hab dein Rad repariert."

Marvin kam rüber, um es sich anzugucken. „Das ist ja cool", sagte er. „Hast du das wirklich allein gemacht? Das sieht fast wie neu aus."

Ich schaute rüber zu Mia. Sie zuckte nur die Schultern. Ich drehte mich wieder zu Nottingham und fragte: „Warum? Ich kapier's nicht."

Sein großes, breites Lächeln verrutschte ein bisschen. „Ich habe dir doch gerade gesagt, warum", erwiderte er. „Ich hatte ein schlechtes Gewissen." Er schob das Rad auf mich zu und versuchte mich dazu zu bringen, es ihm abzunehmen.

Aber ich wollte es auf keinen Fall anrühren.

„Das ändert gar nichts", sagte ich. Ich stach mit dem Finger in seine Brust. „Wenn du versuchst, dich vor dem Klettern zu drücken ... Du hast mein Rad doch überhaupt erst kaputt gemacht."

Marvin sagte: „Bleib fair ... Du und Sara habt das Rad kaputt gemacht."

Sara boxte ihm in den Arm.

„Ich versuche nicht, mich vor irgendwas zu drücken", sagte Nottingham. „Ich dachte, ich tu dir einen Gefallen."

Colin nahm das Rad zur Seite und sah es sich an. „Also, das ist *Reichweite*", erklärte er beeindruckt.

Aber so hatte ich mir das überhaupt nicht vorgestellt. Selbst nach dem, was Nottingham und ich uns oben auf dem *Doppel-Stämmer* erzählt hatten, waren wir doch immer noch Feinde, oder nicht? Er war immer noch ein Außenseiter. Und ich beschützte unseren Baum davor, von ihm einen Namen verpasst zu bekommen. „Es hat sich nichts geändert", sagte ich. „Ich bin immer noch schneller da oben als du."

Nottingham zog seine Baseball-Kappe tief ins Gesicht, sodass seine Augen unter dem Schirm der Kappe versteckt waren.

„Wenn du meinst", erwiderte er.

17. Kapitel

Sara hielt Nottingham und mir ihre Fäuste hin. Sie fragte Nottingham: „Welche Hand?“

Er tippte mit dem Finger auf Saras linke Faust. Aber sie war leer. Sara öffnete ihre rechte Faust, um uns das Blatt zu zeigen, was sie festgehalten hatte. Sie sagte: „Hilly klettert zuerst. Sobald er fällt, *falls* er fällt, kann Nottingham es versuchen.“

Die Menge wich zurück, damit ich Platz hatte. Aber die Leute schubsten sich immer noch gegenseitig, weil jeder die beste Sicht haben wollte. Ich setzte meine Schwimmbrille auf und dann die Baseball-Kappe. Dann zog ich die Handschuhe an. Mein ganzer Körper vibrierte. Ich befahl mir selbst, ruhig zu bleiben und mich zu konzentrieren. Ein paar Leute aus der Menge riefen mir etwas zu und feuerten mich an. Ich trat an den riesigen Stamm des letzten Baums ran. Ich wusste, dass mindestens drei Leute mit weit ausgestreckten Armen nötig waren, wenn man im Kreis um den Baum stehen und sich mit den Fingerspitzen berühren wollte. So groß war er.

Es war eine Eibe, vernarbt, knorrig und Hunderte Jahre alt. Die Rinde war rötlich braun. Der Stamm hatte tiefe Rillen – so sah er aus, als ob er aus lauter Säulen zusammengesetzt wäre, oder vielleicht aus zwölf Baumstämmen, die zu einem Bündel zusammengedrückt waren. Und man hatte ein ganzes Stück Stamm vor sich, bevor man überhaupt an die Äste rankam. Der unterste Ast hing noch über meinem Kopf.

Ich schaute nach tiefen Rillen in der Rinde, in denen ich Halt finden könnte. Dabei fragte ich mich, ob Nottingham auch Handschuhe mitgebracht hatte. Alles an Eiben war giftig für Menschen. Ihre weichen Nadeln, die Samen und sogar die Rinde. Ich vermutete, dass es viele Gründe gab, warum dieser riesige Baum noch nie bestiegen worden war. Eiben waren schließlich auch als die Bäume der Toten bekannt.

Ich erblickte einen klumpigen Knoten auf dem Stamm, ungefähr auf der Höhe meines Knies. Vielleicht konnte ich einen Fuß darauf abstützen und dann hochspringen, um einen Ast zu packen.

Die Menge war mir rund um den Stamm gefolgt, denn alle wollten gut sehen. Sie waren ganz still, als ich meinen Fuß auf den klumpigen Knoten setzte, mich hochstemmte und mit weit ausgestreckten Armen den Baumstamm umschlang. Wenn ich jetzt noch mal einen Fuß auf den Boden gesetzt hätte, wäre das als „Fallen" gewertet worden. Und Nottingham hätte es versuchen dürfen.

Ich war sicher, das Klettern würde einfacher, wenn ich erst oben zwischen den Ästen wäre. Ich spürte die raue Rinde an meiner Wange und roch das Holz. Meine Brust und mein Bauch waren an den Stamm gedrückt. Ich legte meinen Kopf in den Nacken und schaute nach oben. Ich konnte springen und versuchen, nach dem ersten Ast zu greifen. Aber ich glaubte nicht, dass ich das schaffen würde. Also hob ich den linken Fuß an und tastete mit der Schuhspitze nach einem Riss oder einer Furche. Kein Glück. Ich verlagerte mein Gewicht und probierte es mit dem rechten Fuß. So fand ich eine Furche in der Rinde, in die ich meinen Zeh zwängen konnte.

Ich schaffte es, mich von der Furche aus weiter hochzudrücken und mich mit dem Knie festzuhalten. Als ich nach oben sah, war der unterste Ast näher. Ich umklammerte den dicken Stamm weiter, schob dabei meine Hände langsam höher. Ich spürte, wie mein Zeh aus der Furche rutschte. Ich musste springen. Meine

Fingerspitzen berührten den Ast. Aber ich bekam ihn nicht zu fassen und fiel zu Boden.

Ich landete und rollte mich ab.

Die Menge machte: „Oooh."

Nottingham trat vor. Widerwillig machte ich ihm Platz, damit er an den Baum rangehen konnte. Er ging genauso um den Stamm wie ich vorher – er suchte nach etwas wie einem geheimen „Schlüssel" in der Rinde, der den Weg nach oben öffnen würde.

Nottingham scheuchte die Leute ein Stück zurück. Ich sah, dass er denselben klumpigen Knoten nutzen wollte, den ich ausprobiert hatte – aber er probierte es anders. Er ging ein paar Schritte rückwärts weg vom Baum. Und dann nahm er Anlauf, sprang ab, rammte seine Schuhsohle gegen den Knoten und schnellte hoch. Er streckte die Arme aus, klammerte sich mit den Händen fest, krallte sich mit den Fingern fest. Und so baumelte er dann am ersten Ast. Der bog sich unter Nottinghams Gewicht, brach aber nicht.

Das Publikum schnappte nach Luft. Ein paar Leute fingen an zu klatschen und zu jubeln. Ich sah nervös zu, wie sich Nottingham am Ast entlang hangelte, bis er beide Füße flach gegen den Stamm stemmen konnte. Er lief den Stamm hoch, schwang ein Bein über den Ast und setzte sich rittlings darauf. Bei ihm sah es so einfach aus.

Er blickte auf mich runter und flüsterte: *„Großer mächtiger König."*

Er zog seine Füße an sich heran, sodass er sich auf den Ast hocken konnte. Dann legte er den Kopf in den Nacken und schaute durch das Laub nach oben. Ein fettes Grinsen war über sein Gesicht gebreitet. Ich hatte Panik im Bauch. Ich dachte, er würde es noch höher schaffen. Aber er machte einen Fehler, als er sich nach oben streckte. Die Sohle seines Turnschuhs rutschte ab. Und die Schwerkraft hasst zu selbstsichere Kletterer.

Nottingham fiel tiefer und härter als ich vorher. Er schrie auf, als er auf den Boden prallte. Ich hoffte, dass er sich nichts gebrochen hatte. Ich wollte ihn besiegen, aber nicht, dass er wegen einer Verletzung aufgeben musste. Ich stieg über ihn weg, als er dalag und seinen Arm festhielt. Ich war wieder dran.

18. Kapitel

Fast eine Stunde später waren wir beide dreckig, wund gescheuert und müde. Der Tag wurde heißer. Den Leuten wurde schon langweilig. Sogar Colin hatte aufgehört, Fotos zu machen. Nottingham und ich hatten jeder vier, dann fünf, sechs, sieben Versuche gehabt. Aber keiner von uns kam so richtig vom Boden weg und in den Baum rein. Ein Sturz nach dem anderen. Meine Schulter pochte, weil ich so oft auf den Boden geknallt war. Nottinghams Narbe leuchtete hellrosa, weil er so verschwitzt und erschöpft war.

Da rief Mia: „Probiert es doch zusammen!“

Ich schoss ihr einen Blick zu, als ob sie eine Verräterin wäre.

Mia sagte zu mir: „Nur so wirst du jemals da hochklettern. Was ist besser? Sagen, dass ihr ihn zusammen erklettert habt, oder niemals hochkommen?“

Viele aus der Menge stimmten ihr zu. Sie begannen zu rufen: „Zusammen! Zusammen! Zusammen!" Sie riefen immer lauter.

Ich hasste diese Vorstellung.

Nottingham nickte und sagte zu mir: „Sie hat recht. Das hier ist verrückt. Wir können nicht gut genug klettern, um es allein zu schaffen."

Ich hasste es noch mehr, dass er das sagte.

Nottingham redete weiter: „Ich helf dir hoch, sodass du einen von den unteren Ästen zu packen kriegst. Und dann kannst du mich hochziehen. Zusammen könnten wir es auf jeden Fall bis ganz oben schaffen."

Ich wollte fragen: *Und wer gibt dann dem Baum seinen Namen?* Aber ich hielt den Mund und nickte nur. Die Leute jubelten uns zu und waren froh, dass gleich wieder irgendwas Spannendes passieren würde. Ich sah Mia an und sie lächelte mich an. Als ich ihr Lächeln nicht erwiderte, verschwand ihr Lächeln. Sie schüttelte den Kopf. Sie kannte mich so gut. Sie hatte erraten, was ich als Nächstes tun würde. Sie sagte es nicht laut, aber von ihrem Mund konnte ich ablesen: „Tu es nicht."

Ich ignorierte sie. Mia wollte zur Universität gehen. Sie wollte mich zurücklassen. Warum sollte ich sie überhaupt beachten?

Nottingham lehnte sich mit dem Rücken gegen den Stamm und verschränkte die Finger, um eine Trittstufe für mich zu bilden.

„Bereit?“, fragte ich.

„Bereit“, bestätigte er.

Ich rannte auf Nottingham zu, sprang ab, setzte meinen Fuß in seine Hände. Er ächzte, als er mich mit all seiner Kraft hochhob und fast in den Baum warf. Ich flog. Mit beiden Händen packte ich den untersten dicken Ast und schwang mich darauf. Dafür bekam ich den größten Jubel des ganzen Morgens von der Menge. Aber als ich runtersah, sah ich nur Mia und Nottingham. Er streckte mir seine Hand entgegen und wartete darauf, dass ich ihn zu mir hochzog. Mia schüttelte immer noch den Kopf – sie hatte erraten, was ich als Nächstes tun würde.

Ich drehte mich weg von Mia und Nottingham, schaute in die Äste über mir und fing an, weiter hochzuklettern.

19. Kapitel

Ich sah nicht, wie Nottingham es letztlich schaffte, in den Baum einzusteigen. Vielleicht half ihm Marvin oder ein anderer Kletterer aus der Menge. Oder es war seine Wut darüber, dass ich ihn betrogen hatte – vielleicht gab ihm die Wut die Extra-Kraft, die er jetzt brauchte. Jedenfalls ging das Rennen los.

Ich blickte runter zwischen Nadel-Büscheln und sah Nottinghams schwarze Baseball-Kappe. Er jagte mich. Ich dachte nicht mehr an die Leute oder Mia, an mein Fahrrad oder sonst irgendwas. Ich wollte nur noch höher kommen und der Erste im Wipfel sein. *Hillers Himmelstecher.* Ast für Ast für Ast. Fester Griff, fester Stand. Nah am Stamm bleiben. Gleichgewicht. Atmen. Nächster Ast. Höher. Mich selbst hochziehen. Höher klettern.

Nottingham unter mir klang wie ein brüllender Stier, er knurrte und schnaubte. Er brach sich seinen Weg zwischen den Ästen durch. Als er zu mir aufholte, wackelte und zitterte der Baum.

Ich versuchte mich aufs Klettern zu konzentrieren: schnell, aber sicher. Ich hatte schon mehr als die Hälfte geschafft. Aber der Gedanke an Nottingham unter mir ließ mich unvorsichtig werden. Ich packte Äste, die zu dünn waren und leicht abbrachen. Zweimal, dreimal rutschten meine Swift Runs ab – und mein Herz hämmerte lauter als ein Heavy-Metal-Drummer, während ich nach dem Stamm griff, um mein Gleichgewicht zu halten. Aber ich durfte nicht langsamer werden. Nächster Ast, nächster Ast. Höher. Und Nottingham kam näher.

Er war kein Stier, fiel mir auf. Er war ein Geschoss, das auf mich zukam. Ich fragte mich, wie viel Angst ich haben sollte, dass er explodierte. Und er kam noch näher.

Als ich es wagte, wieder hinzusehen, war Nottingham so nah, dass er meinen Knöchel hätte greifen und mich runterziehen können. Sein aufgedunsenes Gesicht war glitschig vor Schweiß und rot vor Wut. Seine Narbe pulsierte. Er starrte zu mir hoch. Er hasste mich. Ich konnte den Hass in seinen Augen glühen sehen.

Ich war geschockt. Hatte mich jemals schon jemand wirklich gehasst? Hatte ich jemals jemandem so viel Grund gegeben, mich zu hassen? Verdiente ich

Nottinghams Hass? Ich hörte auf zu klettern, als ob ich gegen eine unsichtbare Decke gestoßen wäre.

Ich wollte nicht, dass Nottingham mich hasste. Ich wollte nicht, dass überhaupt jemand mich hasste. Ich wollte, dass die Leute fanden, ich hätte *Reichweite.* Ich wollte sie damit beeindrucken. Aber vor allem wollte ich, dass sie mich mochten. Und dennoch starrte Nottingham mich gerade mit hasserfüllten Augen an.

Nachdem wir oben auf dem *Doppel-Stämmer* miteinander geredet hatten, und nachdem er mein Rad repariert hatte, fiel mir jetzt auf, wie sehr ich ihn *mochte.* Ich bückte mich so tief, wie ich konnte. Ich wollte meine Hand nach ihm ausstrecken, seine Hand fassen und ihn hochziehen.

Nottingham muss gedacht haben, ich wollte ihn schlagen. Er zuckte vor mir zurück. Er ließ den Ast los, den er festgehalten hatte.

Er rutschte ab.

Er fiel.

20. Kapitel

Ich konnte ihm nur dabei zusehen, von meinem Ast aus, kurz vorm Wipfel. Ich spürte, wie der Baum um mich rum wackelte. Nottingham fiel schnell. Er schmetterte gegen die Äste und wirbelte im Fallen immer wieder herum. Und vielleicht stellte ich mir die stärkste Erschütterung nur vor, als er auf dem Boden aufschlug.

Die Menge unten versammelte sich um ihn, sodass ich ihn nicht mehr sehen konnte. Ihr geschocktes Stimmengewirr stieg zu mir hoch. Die fröhliche Aufregung des Tages war verschwunden. Alle hatten Angst.

Ich fing an, runterzusteigen.

In meinem Bauch rollten und drehten sich Schneebälle. Jeder Schlag meines Herzens war wie ein Hammer, der auf Eis kracht. Die Kälte in mir war so heftig, dass mir kotzübel wurde. Ich fühlte mich so, als ob ich von dem Baum in ein rutschiges, endloses schwarzes Loch absteigen würde. Ich konnte nur langsam klettern, denn alle paar Sekunden musste ich Angst-Tränen aus meinen Augen wischen, um etwas sehen zu können.

Der Rettungswagen war schon da, als ich am Boden ankam.

Mia fragte: „Was ist passiert?"

Ich setzte mich hin. Jetzt, wo ich nicht mehr kletterte, hatten sich meine Beine in Marmelade verwandelt. Ich sagte: „Es war ein Unfall. Nottingham ist abgerutscht. Ich hab versucht ... Aber er ist abgerutscht."

Mia legte ihren Arm um mich und drückte mich, auch wenn ich das nicht verdiente.

Wir alle sahen dabei zu, wie die Sanitäter Nottingham auf einer Trage in den Rettungswagen brachten. Ich wollte fragen, ob er noch lebte. Stattdessen kotzte ich mir die Seele aus dem Leib – auf die Wurzeln des letzten der Großen Fünf.

6. Teil

Reichweite

Unser Baum *(arbor nostri)*

Für immer – genau hier – riesig

21. Kapitel

Danach zog der Dorfrat Metallzäune um die Bäume, damit wir nicht mehr kletterten. Das funktionierte ... für ein paar Wochen. Viele Jugendliche fingen in dem Sommer wieder an zu klettern. Ich aber nicht.

Nottingham hatte es ganz schön erwischt. Er hatte alles Mögliche gebrochen. Die Ärzte sagten, es würde eine Menge harte Arbeit und Zeit kosten, bis er überhaupt wieder laufen konnte.

Ich besuchte ihn im Krankenhaus. Gefühlt war das das Schwerste, was ich je tun musste. Die Treppen im Krankenhaus hochzusteigen kostete mich zehnmal mehr Mut, als auf einen der Großen Fünf zu klettern. Der Raum, in dem er lag, fühlte sich zu hell und zu unfreundlich an. Ich sah Nottingham im Bett mit dem steifen Bettzeug liegen, mit piepsenden Monitoren um ihn herum. Er war überall eingegipst und Schläuche kamen aus seiner Nase, und ich hätte schon wieder kotzen können. Ich stand nur in der Tür und wir starrten einander an. Es schien Stunden zu dauern, bis einer von uns sprach.

Ich sagte: „Wenigstens sind deine Spinnenbisse besser."

Nottingham lachte nicht, er weinte. Und ich weinte auch.

„Es tut mir leid", sagte ich.

„Das war nicht nur deine Schuld", antwortete er.

„Wenn du meinst."

„Wer sind die besten Kletterer?", fragte Nottingham mich.

„Die, die wieder aufstehen", antwortete ich.

Von da an besuchte ich ihn fast jeden Tag. Am Anfang war es wohl mein Schuldgefühl, das mich dazu antrieb. Aber bald freute ich mich darauf, Nottingham zu besuchen. Die Pflegerinnen und Pfleger fingen an, mich zu grüßen, weil ich so oft da war. Wir redeten viel über Bäume und gaben viel mit dem Klettern an. Nottingham sprach immer noch gerne übers Klettern und ein paar von seinen Geschichten über den Sherwood Forest klangen toll. Aber keiner von uns wusste, ob er jemals wieder klettern konnte. Also wechselte ich oft das Thema und wir redeten über Filme, Musik und manchmal sogar über Schule.

Mia kam manchmal mit zu ihm. Als sie zum ersten Mal mitkam, guckte Nottingham ehrlich überrascht, weil wir zusammen in das Krankenhaus-Zimmer kamen. „Seid ihr denn wieder Freunde?“, fragte er.

Mia lachte und sagte: „Wieder? Wann hat er denn aufgehört, mein Freund zu sein?“ Sie zeigte auf mich. „Hilly ist jetzt *mein* Unterstützer-Team.“

„Sie ist der schlaueste Kopf im Dorf“, sagte ich.

Irgendwann wurde Nottingham aus dem Krankenhaus entlassen. Ich besuchte ihn weiter bei seinem Cousin. Es hätte sich komisch angefühlt, das nicht zu tun. Sein Cousin mochte lieber Räder als Bäume, aber er war cool und hatte nichts dagegen, dass ich die ganze Zeit da war. Ich half Nottingham bei seinen Übungen, mit denen er wieder Kraft in den Beinen und im Rücken bekam.

Eines Tages fragte Nottingham mich: „Versuchst du gerade, mich zu reparieren, so wie ich dein Fahrrad repariert habe?“

„Ich wünschte, dein Cousin hätte mehr Ersatzteile", antwortete ich.

Ich begann zu glauben, dass unsere Freundschaft *Reichweite* hatte. Und ich vermutete etwas: Wenn Nottingham mir irgendwann seinen echten Namen verraten würde, würde das bedeuten, dass er mir vergeben hatte.

22. Kapitel

An einem späten Abend in dem Sommer schlichen Mia und ich in den Park, durch die Lücke in der Hecke. Ich hatte ein kleines Brett glatt poliert und angemalt. Mia half mir, über den neuen Zaun rund um den letzten der Großen Fünf zu klettern. Dann gab sie mir den Hammer und die Nägel. Ich brachte das Brett am Stamm der Eibe an.

Darauf stand: „Reichweite".

Wir gaben dem Baum einen Namen, obwohl niemand es je bis in seinen Wipfel schaffte.

Mit Dank an die Vienna Quarantine Writers, Uni-Verse, Paul Malone und SWC. Und an Lucy Juckes, Ailsa Bathgate und das Team von Barrington Stoke. Alles Liebe an Jasmine.

Über die schwierigste Sache der Welt ...

Pete Johnson

Wie ich mein erstes Date (fast nicht) überlebte

Gebunden, 64 Seiten
Gulliver (82006)

Tom will einfach nur ein Mädchen kennenlernen. Warum ist das so schwer?

Seine ältere Schwester Paula weiß natürlich, wie es läuft und gibt Tipps. Cool muss man sein. Und beim Date selbst gilt: lächeln streng verboten.

Oh Mann, wenn das mal gut geht.

GULLIVER

www.superlesbar.de
www.beltz.de